स्टॉक मार्केट में मैंने 0 से 10 करोड़ रुपए कैसे कमाए

स्टॉक मार्केट में मैंने 0 से 10 करोड़ रुपए कैसे कमाए

निकोलस डरवास

प्रभात प्रकाशन

इस पुस्तक की विषय वस्तु
कॉपीराइट फ्री है।

प्रकाशक

प्रभात प्रकाशन प्रा. लि.

4/19 आसफ अली रोड, नई दिल्ली–110002

फोन : 011–23289777 • हेल्पलाइन नं. : 7827007777

इ–मेल : prabhatbooks@gmail.com ❖ वेब ठिकाना : www.prabhatbooks.com

संस्करण

2026

अनुवाद

श्वेता भट्ट

पेपरबैक मूल्य

चार सौ रुपए

मुद्रक

श्री साई प्रिंटर्स, साहिबाबाद

★

STOCK MARKET MEIN MAINE
ZERO SE 10 CRORE RUPAYE KAISE KAMAYE
by Nicolas Darvas
(Hindi translation of
HOW I MADE $2,000,000 IN THE STOCK MARKET)

Published by **PRABHAT PRAKASHAN PVT. LTD.**
4/19 Asaf Ali Road, New Delhi-110002
by arrangement with Penguin Random House India, Pvt. Ltd.

ISBN 978-93-90900-11-4

₹ 400.00 (PB)

3 सितंबर, 1958 की सुबह, हाँगकाँग की क्राउन कॉलोनी के ग्लॉसेस्टर होटल में निम्न टेलीग्राम पहुँचा—

1,300 थिओकोल 49 खरीदा…

यह खरीद, खरीदों की एक श्रृंखला के एक हिस्से का प्रतिनिधित्व कर रही थी, जिनकी शुद्ध कीमत अठारह महीनों में $20,00,000 होनेवाली थी।

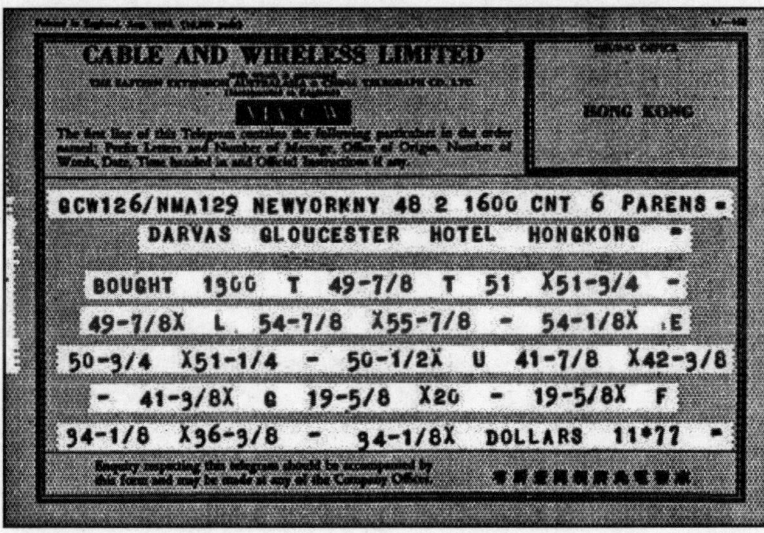
CABLE AND WIRELESS LIMITED

The first line of this Telegram contains the following particulars in the order named: Prefix Letters and Number of Message, Office of Origin, Number of Words, Date, Time handed in and Official Instructions if any.

HONG KONG

GCW126/NMA129 NEWYORKNY 48 2 1600 CNT 6 PARENS =
DARVAS GLOUCESTER HOTEL HONGKONG =
BOUGHT 1900 T 49-7/8 T 51 X51-3/4 -
49-7/8X L 54-7/8 X55-7/8 - 54-1/8X E
50-3/4 X51-1/4 - 50-1/2X U 41-7/8 X42-3/8
- 41-3/8X G 19-5/8 X20 - 19-5/8X F
94-1/8 X96-3/8 - 94-1/8X DOLLARS 11*77 =

Enquiry respecting this telegram should be accompanied by this form and may be made at any of the Company Offices.

और यह उन घटनाओं की कहानी है, जो वहाँ तक ले गईं…

अनुक्रम

जुआरी

1

कनाडा की अवधि

वह नवंबर 1952 था। मैं न्यूयॉर्क में मैनहट्टन के 'लैटिन क्वार्टर' में प्रदर्शन दे रहा था, जब मेरे एजेंट ने मुझे फोन किया। उन्हें मेरे और मेरी डांसिंग पार्टनर जूलिया के लिए एक टोरंटो नाइट क्लब में कार्यक्रम देने का प्रस्ताव मिला था। यह क्लब जुड़वाँ भाइयों—ऐल और हैरी स्मिथ के स्वामित्व में था, जिन्होंने मेरे सामने एक बहुत ही असामान्य प्रस्ताव रखा। उन्होंने मुझे पैसे के बदले स्टॉक में भुगतान करने की पेशकश की। मुझे शो बिजनेस में कुछ अजीब अनुभव हुए हैं, लेकिन यह नया था।

मैंने और पूछताछ की और पाया कि वे मुझे ब्रीलंड नामक कंपनी में 6,000 शेयर देने के लिए तैयार थे। यह एक कनाडाई खनन फर्म थी, जिसमें वे रुचि रखते थे। उस समय के स्टॉक को 50 सेंट प्रति शेयर पर उद्धृत किया गया था।

मैं जानता था कि स्टॉक ऊपर-नीचे जाते थे—और मुझे बस इतना ही पता था, इसीलिए मैंने स्मिथ बंधुओं से पूछा कि क्या वे मुझे निम्नलिखित गारंटी देंगे—यदि स्टॉक 50 सेंट से नीचे चला गया, तो वे अंतर पूरा कर देंगे। वे छह महीने की अवधि के लिए ऐसा करने पर सहमत हो गए।

और फिर कुछ ऐसा हुआ कि मैं उस तारीख को टोरंटो नहीं पहुँच सका। मुझे बुरा लगा कि मैंने उन भाइयों को निराश किया, इसीलिए मैंने एक भावना के रूप में स्टॉक खरीदने की पेशकश की। मैंने उन्हें $3,000 का एक चेक भेजा और 6,000 शेयरों का ब्रीलंड स्टॉक प्राप्त किया।

मैंने उसके बारे में आगे नहीं सोचा, जब तक कि एक दिन, दो महीने के बाद, मैंने समाचार-पत्र में स्टॉक की कीमत पर नजर डाली। मैं झटके से अपनी कुरसी पर सीधा बैठ गया। मेरा 50 सेंट का ब्रीलंड स्टॉक $1.90 पर उद्धृत

किया गया था। मैंने उसे तुरंत बेच दिया और $8,000 के करीब लाभ कमाया।

पहले तो मुझे यकीन नहीं हुआ। यह मेरे लिए जादू जैसा था। मैं उस आदमी की तरह महसूस कर रहा था, जो पहली बार घुड़दौड़ में गया था और शुरुआती के भाग्य के साथ हर विजेता का समर्थन किया। अपनी जीत को भुनाते हुए उसने बस इतना पूछा, "यह कब से चल रहा है ?"

मैंने तय किया कि मैं जीवन भर एक अच्छी चीज से वंचित रहा हूँ। मैंने शेयर बाजार में जाने का मन बना लिया। मैं इस फैसले से कभी पीछे नहीं हटा, लेकिन मैं नहीं जानता था कि इस अनजान जंगल में मेरे सामने कौन-कौन सी समस्याएँ आएँगी।

मैं शेयर बाजार के बारे में कुछ भी नहीं जानता था। उदाहरण के लिए, मैं यह भी नहीं जानता था कि न्यूयॉर्क में भी एक शेयर मार्केट था। मैंने केवल कनाडाई स्टॉक के बारे में, विशेष रूप से खनन शेयर के बारे में सुना था। चूँकि वे मेरे लिए बहुत अच्छे रहे थे, जाहिर है कि उनके साथ बने रहना समझदारी की बात थी।

लेकिन शुरुआत कैसे की जाए ? कैसे पता किया जाए कि कौन से स्टॉक खरीदने चाहिए ? आप उन्हें एक पिन की मदद से नहीं निकाल सकते थे। आपके पास जानकारी होनी चाहिए। यह मेरी प्रमुख समस्या थी—उसे कैसे प्राप्त किया जाए। मुझे अब समझ में आता है कि वास्तव में, यह साधारण आदमी के लिए असंभव है, लेकिन फिर मैंने सोचा कि मुझे यह महान् रहस्य सीखने के लिए केवल पर्याप्त लोगों से पूछने की आवश्यकता थी। मैंने सोचा कि अगर मैंने बार-बार पूछा तो मैं उन लोगों से परिचित हो जाऊँगा, जिन्हें इसका ज्ञान है। मैंने हर उस व्यक्ति से, जिससे मैं मिला, पूछा कि क्या उन्हें शेयर बाजार की कोई जानकारी है ? नाइट क्लब में काम करते हुए मैं अमीर लोगों से मिलता हूँ। अमीर लोगों को पता होना चाहिए।

तो मैंने उनसे पूछा। यह प्रश्न हमेशा मेरे होंठों पर होता था—'क्या आप कोई अच्छा स्टॉक जानते हैं ?' विचित्र रूप से, हर कोई एक-न-एक स्टॉक के बारे में जानता प्रतीत होता था। आश्चर्य की बात थी। स्पष्ट रूप से मैं अमेरिका का एकमात्र व्यक्ति था, जिसके पास स्टॉक मार्केट की अपनी खुद की कोई

जानकारी नहीं थी। मैं उत्सुकता से उनकी बातों को सुनता था और ईमानदारी से उनके सुझावों का पालन करता था। मुझे जो भी खरीदने के लिए कहा गया, मैंने खरीद लिया। मुझे यह जानने में बहुत समय लगा कि यह एक तरीका है, जो कभी काम नहीं करता है।

मैं आशावादी, बेवकूफ, छोटे ऑपरेटर का आदर्श उदाहरण था, जो बार-बार बाजार के भीतर और बाहर कूदता है। मैंने उन कंपनियों में स्टॉक खरीदा, जिनके नाम का मैं उच्चारण भी नहीं कर सकता था। वे क्या करती थीं और कहाँ से आई थीं, मुझे कोई अनुमान नहीं था। किसी ने किसी को बताया और उसने मुझे बताया। मुझसे अधिक लापरवाह, अज्ञानी खरीदार और कोई नहीं हो सकता था। मुझे बस यह पता था कि उस नाइट क्लब के हेड-वेटर ने, जिसमें मैंने पिछला प्रदर्शन किया था, बताया था कि यह अच्छा था।

1953 की शुरुआत में मैं टोरंटो में प्रदर्शन कर रहा था। ब्रीलंड के साथ मेरी पहली असाधारण $8,000 की शुरुआत के कारण, कनाडा वित्तीय दूध और शहद का देश था, जहाँ तक मेरा संबंध था, इसीलिए मैंने फैसला किया कि यह एक 'हॉट टिप' की तलाश में जाने के लिए एक अच्छी जगह थी। मैंने कई लोगों से पूछा कि क्या वे एक अच्छे, विश्वसनीय ब्रोकर को जानते हैं और आखिरकार मुझे एक के पास जाने की सलाह दी गई।

मुझे स्वीकार करना होगा कि जब मैंने उनका कार्यालय देखा तो मैं चौंक गया और निराश भी हुआ। वह किताबों से भरा एक छोटा, मटमैला, जेल जैसा कमरा था, जिसकी दीवारों पर अजीब सी इबारतें लिखी थीं।

बाद में मुझे पता चला कि इन्हें 'चार्ट' कहा जाता है। वहाँ सफलता या दक्षता की बहुत गंध आती प्रतीत नहीं हो रही थी। एक रोलटॉप डेस्क पर बैठा एक व्यस्त, नाटा व्यक्ति आँकड़ों और किताबों में डूबा हुआ था। जब मैंने उससे पूछा कि क्या वह एक अच्छा स्टॉक जानता है तो उसने तुरंत प्रतिक्रिया व्यक्त की।

उसने मुसकराते हुए अपनी जेब से एक प्रसिद्ध सोने की कंपनी, केर-एडिसन का नाम लिखा हुआ एक लाभांश चेक निकाला।

उसने कहा, "मेरे दोस्त, इसको अच्छी तरह से देखो। इस लाभांश चेक की

कीमत उस भुगतान से पाँच गुना अधिक है, जो मेरे पिता ने मूल स्टॉक के लिए किया था। हर कोई इसी प्रकार के स्टॉक की तलाश में रहता है।"

मूल स्टॉक की कीमत का पाँच गुना लाभांश! इसने मुझे उत्साहित कर दिया, जैसा कि यह किसी भी आदमी को करेगा। लाभांश 80 सेंट था, इसीलिए उसके पिता ने स्टॉक के लिए केवल 16 सेंट का भुगतान किया होगा। यह मुझे अच्छा लग रहा था। मुझे अहसास नहीं था कि वह शायद पैंतीस साल से अपने पिता के स्टॉक को सँभाल रहा होगा।

नाटे आदमी ने मुझे बताया कि कैसे वह वर्षों से उस तरह के स्टॉक की तलाश में था। अपने पिता की सफलता को देखते हुए उसने महसूस किया कि इसका उत्तर सोने की खानों में होना चाहिए। उसने मुझे बताया कि अंत में वह उसे मिल गई थी। वह ईस्टर्न मलारटिक के नाम से जानी जाती थी। अपने उत्पादन के आँकड़ों, अनुमानों और वित्तीय जानकारी के साथ काम करते हुए, उसने माना कि ये सोने की खदानें उनके वर्तमान सोने के उत्पादन से दोगुना उत्पादन करने में सक्षम हैं, इसीलिए उनके स्टॉक में निवेश किए गए पाँच डॉलर जल्द ही दस डॉलर के बराबर होंगे।

इस वैज्ञानिक जानकारी पर मैंने तुरंत 290 सेंट में ईस्टर्न मलारटिक के 1,000 शेयर खरीद लिये। उत्सुकता के साथ देखते-देखते, उनका मूल्य 270 सेंट तक चला गया, फिर 260 तक। कुछ ही हफ्तों के भीतर वह 241 सेंट तक गिर गया और मैंने जल्दबाजी में अपना स्टॉक बेच दिया। मैंने तय कर लिया कि इस श्रमसाध्य, सांख्यिकीय दिमागवाले दलाल (ब्रोकर) के पास संपत्ति बनाने का उपाय नहीं था।

फिर भी पूरी बात मुझे रोमांचित करती रही। मैं किसी भी टिप का अनुसरण कर लेता, लेकिन मैंने शायद ही कभी पैसा कमाया। अगर मैंने कमाया भी, तो वह तुरंत मेरे नुकसान की भरपाई में चला गया।

मैं ऐसा नौसिखिया था कि मुझे दलाल के कमीशन और ट्रांसफर टैक्स के बारे में भी समझ नहीं थी। उदाहरण के लिए, मैंने जनवरी 1953 में केरैंड माइंस खरीदा। यह 10 सेंट का स्टॉक था, और मैंने 10,000 शेयर खरीदे।

मैंने एक बिल्ली की तरह बाजार पर नजर रखी और जब अगले दिन केरैंड

प्रति शेयर 11 सेंट पर चला गया, तो मैंने अपने ब्रोकर को फोन किया और उसे बेचने के लिए कहा। अपनी समझ से मैंने 24 घंटे में 100 डॉलर कमाए थे और मुझे लगा कि मैं एक छोटा सा लाभ उठाकर स्मार्ट बन रहा हूँ।

जब मैंने अपने ब्रोकर से दोबारा बात की तो उसने कहा, "आपने नुकसान उठाने का फैसला क्यों किया?" "नुकसान?" मैंने सौ डॉलर कमाए थे! उसने मुझे धीरे से समझाया कि 10,000 शेयरों को खरीदने के लिए ब्रोकर का कमीशन $50 था और अगले दिन शेयरों को दोबारा बेचने के लिए $50 था। इसके अलावा, बिक्री पर हस्तांतरण कर थे।

केरैंड उस समय मेरे स्वामित्ववाले कई अजीब शेयरों में से एक था। अन्य शेयरों में मोगुल माइंस, कंसोलिडेटेड सडबरी बेसिन माइंस, क्यूबेक स्मेल्टिंग, रेक्सस्पार, जेए एक्सप्लोरेशन शामिल थे। मैंने उनमें से किसी में पैसा नहीं बनाया।

फिर भी मैंने इस कैनेडियन खरीद और बिक्री पर एक खुशहाल वर्ष बिताया। मुझे लगता था कि मैं सफल व्यवसायी हूँ, एक बड़ा स्टॉक मार्केट ऑपरेटर। मैं एक टिड्डी की तरह बाजार से अंदर-बाहर कूदता रहा। अगर मुझे दो अंक मिलते तो मैं खुश हो जाता। मैं अकसर एक समय में 25 से 30 स्टॉक रखता था, सभी छोटे पार्सलों में।

उनमें से कुछ मुझे विशेष रूप से पसंद आने लगे। ऐसा अलग-अलग कारणों से हुआ। कभी-कभी ऐसा इसीलिए होता था, क्योंकि वे मुझे मेरे एक अच्छे दोस्त ने दिए होते थे—दूसरे अवसरों पर, क्योंकि मैंने उनके साथ पैसे कमाकर शुरुआत की थी। इससे मैं इन शेयरों को दूसरों की तुलना में अधिक पसंद करने लगा और इससे पहले कि मैं जान पाता कि मैं क्या कर रहा था, मैंने 'पेट्स' (पालतू जानवर) रखने शुरू कर दिए थे।

मैं उन्हें अपनी खुद की किसी चीज की तरह समझने लगा, जैसे—मेरे परिवार के सदस्य। मैं दिन-रात उनके गुणों की प्रशंसा करता था। मैं उनके बारे में ऐसे बात करता, जैसे कोई अपने बच्चों के बारे में बात करता है। मुझे इस बात से कोई परेशानी नहीं थी कि किसी और को मेरे पालतू स्टॉक में कोई विशेष गुण नहीं दिखता था, जिसके कारण वे उन्हें किसी अन्य स्टॉक से अलग करके

देखते। मन की यह स्थिति तब तक बनी रही, जब तक मुझे अहसास नहीं हो गया कि मेरे पालतू स्टॉक मुझे सबसे भारी नुकसान पहुँचा रहे हैं। कुछ ही महीनों में मेरे लेन-देन का रिकॉर्ड एक छोटे स्तर के स्टॉक एक्सचेंज के ट्रेडिंग रिकॉर्ड की तरह लग रहा था। मुझे लगता था कि मैं सब ठीक कर रहा हूँ। मैं दूसरों से आगे प्रतीत हो रहा था। अगर मैंने अपने सौदों के विवरण का ध्यानपूर्वक अध्ययन किया होता, तो मुझे इतनी खुशी नहीं होती। मुझे अहसास हुआ कि एक घोड़े के खिलाड़ी की तरह, मैं छोटे लाभ से बहुत खुश और उत्साहित था और अपने नुकसान की अनदेखी कर रहा था। मैं इस तथ्य को पूरी तरह से नजरअंदाज कर रहा था कि मेरे पास ऐसे बहुत अधिक स्टॉक थे, जो कि उस कीमत से बहुत कम पर खड़े थे, जिसका मैंने उनके लिए भुगतान किया था और लग रहा था कि वे वहीं रहनेवाले थे।

वह एक लापरवाह, मूर्खतापूर्ण गैंबलिंग की अवधि थी, जहाँ मेरे कार्यों के कारणों को खोजने का कोई प्रयास नहीं था। मैं 'अंतर्ज्ञान' का पालन कर रहा था। मैं चमत्कारी नामों, यूरेनियम खोज की अफवाहों, तेल की खोज और किसी की भी बताई चीजों के आधार पर काम कर रहा था। जब लगातार नुकसान होते, तो कभी-कभार के छोटे लाभ मुझे आशा बँधाते, जैसे कि गधे की नाक के सामने गाजर।

फिर एक दिन, लगभग सात महीने तक खरीदने और बेचने के बाद, मैंने अपने बही-खाते देखने का फैसला किया। जब मैंने अपने पास मौजूद खराब शेयरों के मूल्यों को जोड़ा तो मैंने पाया कि मैं लगभग 3,000 डॉलर खो चुका हूँ।

यह वह दिन था, जब मुझे संदेह होने लगा कि मेरी पैसा बनाने की योजना में कुछ गड़बड़ थी। मेरे दिमाग के पीछे का भूत मुझसे फुसफुसाकर कहने लगा था कि वास्तव में, मुझे नहीं पता था कि मैं क्या कर रहा था।

फिर भी मैं अब तक आगे था। मैंने खुद को सांत्वना दी कि मैंने उन $3000 को नहीं छुआ है, जिनका मैंने मूल रूप से ब्रीलंड के लिए भुगतान किया था और उसके अलावा मेरे पास उस सौदे से मिले लाभ के लगभग 5,000 डॉलर भी थे। लेकिन अगर मैंने इस तरह जारी रखा, तो मैं इसे और कितने समय तक रख पाऊँगा?

यह मेरे लाभ-हानि लेखांकन से सिर्फ एक पृष्ठ है। यह सूक्ष्म जगत् में हार की पूरी दुःखद कहानी बताता है—

ओल्ड स्मोकी गैस एड ऑयल्स

19 सेंट पर खरीदा

10 सेंट पर बेचा

केरैंड माइंस

12 सेंट पर खरीदा

8 सेंट पर बेचा

रेक्सस्यार

130 सेंट पर खरीदा

110 सेंट पर बेचा

क्यूबेक स्मेल्टिंग ऐंड रिफाइनिंग

22 सेंट पर खरीदा

14 सेंट पर बेचा

अपने नाक के सामने गाजर लाभ के जुनून के प्रभाव में मैंने ध्यान नहीं दिया था कि मैं एक सप्ताह में औसतन सौ डॉलर गँवा रहा था।

यह मेरी पहली शेयर बाजार की दुविधा थी। अगले छह वर्षों में मेरे लिए बाजार में कई और अधिक गंभीर दुविधाएँ आनेवाली थीं, लेकिन यह कुछ मायनों में सबसे खराब थी। इस बिंदु पर मेरे निर्णय पर निर्भर करता था कि मैं बाजार में काम करना जारी रखूँगा या नहीं।

मैंने वहाँ बने रहने और एक और कोशिश करने का निर्णय लिया।

अगली समस्या थी कि क्या किया जाए? कोई तो अलग तरीका होना चाहिए। क्या मैं अपना दृष्टिकोण सुधार सकता था? मेरे लिए यह साबित हो गया था कि नाइट क्लब के ग्राहकों, हेड-वेटरों, स्टेज-हैंड्स को सुनना गलत था। वे भी मेरी तरह नौसिखिए ही थे और चाहे जितने भी आत्मविश्वास से वे

अपनी युक्तियों की पेशकश करते थे, उन्हें भी उतनी ही जानकारी थी, जितनी कि मुझे थी।

मैंने अपने ब्रोकरेज (दलाली) विवरणों के पन्ने के बाद पन्ने देखे, जो कह रहे थे—90 सेंट में खरीदा, 82 में बेचा··· 65 सेंट में खरीदा, 48 में बेचा···

स्टॉक मार्केट के रहस्यों को खोजने में मेरी मदद कौन कर सकता था? मैंने कनाडाई वित्तीय प्रकाशनों के साथ-साथ कनाडाई स्टॉक टेबल को पढ़ना शुरू कर दिया था। मैंने एडवाइजरी न्यूज शीट्स (सलाहकार सूचना-पत्र) पर अधिक-से-अधिक नजर डालना शुरू कर दिया था, जो टोरंटो स्टॉक एक्सचेंज में सूचीबद्ध शेयरों के बारे में सुझाव देती थी।

मैंने पहले ही तय कर लिया था कि अगर मुझे यह जारी रखना है, तो मुझे पेशेवर सहायता की आवश्यकता होगी, इसीलिए मैंने कुछ सलाहकार सेवाओं की सदस्यता ली, जो वित्तीय जानकारी देती थीं। आखिरकार, मैंने तर्क दिया, ये विशेषज्ञ थीं। मैं उनकी पेशेवर सलाह का पालन करूँगा और किसी अजनबी या अपने जैसे शौकिया स्टॉक-फैंसी से मिली अजीब टिप पर स्टॉक खरीदना छोड़ दूँगा। अगर मैं उनके कुशल, समझदार शिक्षण का अनुसरण करता हूँ, तो मुझे सफलता मिलनी चाहिए।

कुछ ऐसी वित्तीय सलाहकार सेवाएँ थीं, जो एक डॉलर में अपने सूचना-पत्र की चार प्रतियों की एक परीक्षण सदस्यता की पेशकश करती थीं। आप गंभीरता से उनकी मूल्यवान सेवा खरीदना शुरू करने से पहले एक सद्भावना स्वाद के रूप में इन्हें प्राप्त कर सकते थे।

मैंने ट्रायल सब्सक्रिप्शन (परीक्षण सदस्यता) के लिए लगभग एक दर्जन डॉलर लगा दिए और उनके द्वारा भेजी गई प्रतियों को उत्सुकता से पढ़ा।

न्यूयॉर्क में सम्मानित वित्तीय सेवाएँ हैं, लेकिन मैंने जो कनाडाई सूचना-पत्र खरीदे, वे सख्ती से चूषक व्यापार के लिए थे। मैं यह कैसे जान सकता था? इन वित्तीय सलाह पत्रों ने मुझे प्रसन्न और उत्साहित कर दिया। उनकी वजह से शेयर बाजार की अटकलें इतनी आवश्यक और आसान लग रही थीं।

वे ऐसी बड़ी सुर्खियों के साथ आती थीं, जो कहती थीं—

'यह स्टॉक खरीद लें, इससे पहले कि बहुत देर हो जाए!'

'अपने संसाधनों की पूर्ण सीमा तक खरीदें!'

'यदि आपका ब्रोकर आपको इसके खिलाफ सलाह देता है, तो अपने ब्रोकर से छुटकारा पाएँ!'

'यह स्टॉक आपको 100 प्रतिशत या अधिक का लाभ देगा!'

यह निश्चित रूप से वास्तविक, ताजा जानकारी की तरह लगता था। यह एक रेस्तराँ में मिले अजीब टिप की तुलना में बहुत अधिक प्रामाणिक था।

मैं इन प्रचार शीट्स को उत्सुकता से पढ़ता था। वे हमेशा बहुत निस्स्वार्थता और भाईचारे से भरी रहती थीं। उनमें से एक में था—

'कनाडा के वित्त के इतिहास में पहली बार छोटे निवेशक के पास एक शानदार नए विकास के भूतल पर आने का शानदार अवसर होगा।'

'वॉल स्ट्रीट के प्लूटोक्रैट हमारी कंपनी के पूरे स्टॉक को हासिल करने की कोशिश कर रहे हैं, लेकिन बुरी परंपराओं की स्पष्ट अवहेलना में हम केवल मध्यम साधनों के निवेशकों की भागीदारी में रुचि रखते हैं। आप जैसे लोगों के...'

लेकिन यह मैं था! वे मेरी स्थिति को बिल्कुल सही समझे थे। मैं वह ठेठ छोटा निवेशक था, जिसे वॉल स्ट्रीट के प्लूटोक्रैट्स द्वारा जिस तरह से चारों ओर धकेला जा रहा था, उसके लिए वह तरस खाने योग्य था। मैं अपनी मूर्खता के लिए केवल दया का पात्र था।

मैं उस शेयर को खरीदने के लिए भागकर टेलीफोन के पास जाता, जिसकी वे सिफारिश करते थे। वह शेयर अपरिहार्य रूप से नीचे चला जाता। मैं यह समझ नहीं पाता, लेकिन मैं चिंतित बिल्कुल भी नहीं था। उन्हें निश्चित रूप से पता होगा कि वे किस बारे में बात कर रहे थे। अगला स्टॉक ऊपर जाना चाहिए, लेकिन यह शायद ही कभी हुआ।

मुझे पता नहीं था, लेकिन मैं छोटे ऑपरेटर की एक बड़ी कठिनाई का सामना कर रहा था—बाजार में कब प्रवेश करना चाहिए, की लगभग समाधानहीन समस्या का। पैसे का निवेश करने के तुरंत बाद की यह अचानक गिरावट एक नौसिखिए के सामने आनेवाली सबसे रहस्यमय घटनाओं में से एक है। मुझे यह समझने में वर्षों का समय लगा कि जब ये वित्तीय टिप्स्टर (सलाह देनेवाले)

छोटे ऑपरेटर को कोई स्टॉक खरीदने की सलाह देते हैं, तब वो पेशेवर, जिन्होंने अंदर की जानकारी पर स्टॉक को पहले खरीदा होता है, बेच रहे होते हैं।

इसके साथ ही अंदर के पैसे की वापसी के साथ, छोटा चूषक पैसा अंदर आ रहा होता है। वे सबसे अधिक के साथ सबसे पहले नहीं होते, लेकिन सबसे कम के साथ सबसे आखिरी होते हैं। वे बहुत देर करते हैं और पेशेवरों के बाहर हो जाने पर उनके झूठे उच्च बिंदु पर स्टॉक का समर्थन करने के लिए उनका पैसा हमेशा बहुत कम होता है।

मुझे अब यह पता है, लेकिन उस समय मुझे पता नहीं था कि शेयर ऐसा व्यवहार क्यों करते थे। मैं सोचता था कि यह सिर्फ दुर्भाग्य है कि मेरे उन्हें खरीदने के बाद वे गिर जाते थे। जब मैं पीछे मुड़कर देखता हूँ तो मुझे पता चलता है कि मैं इस अवधि में अपना सबकुछ खोने के लिए तैयार था।

मैंने जब भी $100 का निवेश किया, तो लगभग $20 या $30 तुरंत खो दिए। लेकिन कुछ शेयर ऊपर भी गए और मैं तुलनात्मक रूप से खुश था।

यहाँ तक कि जब मुझे न्यूयॉर्क जाना पड़ा, तब भी मैंने टोरंटो में दलालों को फोन पर आदेश देना जारी रखा।

मैंने ऐसा इसीलिए किया, क्योंकि मुझे यह भी नहीं पता था कि आप न्यूयॉर्क के ब्रोकर के माध्यम से कनाडाई स्टॉक एक्सचेंज व्यवसाय का सौदा कर सकते हैं। टोरंटो के दलाल फोन पर सुझाव देते और मैं हमेशा उनके या कनाडा की वित्तीय सलाहकार सेवाओं द्वारा सुझाए स्टॉक खरीद लेता। सभी छोटे हिट–ऐंड–मिस ऑपरेटरों की तरह, मैं अपने नुकसान की जिम्मेदारी दुर्भाग्य पर डाल देता था। मैं जानता था—मैं निश्चिंत था कि एक दिन मेरी किस्मत अच्छी होगी। मैं हर समय गलत नहीं होता था—कुछ मायनों में अगर मैं होता तो बेहतर होता। कभी–कभार मैं कुछ डॉलर बना लेता था, लेकिन यह हमेशा एक पूर्ण दुर्घटना होती थी।

यहाँ एक उदाहरण है। कनाडाई स्टॉक टेबल पढ़ना मेरा जुनून बन गया था। एक दिन जब मैं उन्हें देख रहा था तो मैंने एक शेयर देखा, जिसका नाम कैलडर बुसकेट था। मुझे अभी भी नहीं पता है कि वह क्या था या कंपनी किस चीज का उत्पादन करती है। लेकिन वह कितना सुंदर नाम था। मुझे उसका

नाम पसंद आया, इसीलिए मैंने 18 सेंट के मूल्य पर 5,000 शेयर खरीद लिये, जिनका कुल मूल्य $900 था।

फिर मुझे एक नृत्य के कार्यक्रम के लिए मैड्रिड की उड़ान भरनी पड़ी। एक महीने बाद, जब मैं वापस आया तो मैंने पेपर खोला और वह नाम खोजा। वह 36 सेंट ऊपर चला गया था। यह मेरे द्वारा भुगतान की गई कीमत का दोगुना था। मैंने उसे बेच दिया और $900 बना लिये। यह सिर्फ अंधी किस्मत थी।

यह दोतरफा अंधी किस्मत थी, क्योंकि न केवल स्टॉक बिना किसी उचित कारण ऊपर चला गया था, बल्कि अगर मैं स्पेन में नृत्य नहीं कर रहा होता, तो मैंने निश्चित रूप से स्टॉक को तभी बेच दिया होता, जब वह 22 सेंट तक बढ़ गया था। जब मैं स्पेन में था, तब मुझे कैनेडियन स्टॉक कोटेशन (उद्धरण) नहीं मिला था, इसीलिए मैं स्टॉक की गतिविधियों के बारे में आनंदित अज्ञानता में होने से उन्हें जल्दी बेचने से बच गया था।

वह एक अजीब, पागलपन से भरी अवधि थी, लेकिन ऐसा केवल सिंहावलोकन में लगता है। उस समय मुझे लगता था कि मैं वास्तव में एक बड़ा ऑपरेटर बनने लगा हूँ। मुझे अपने आप पर गर्व था, क्योंकि मैं अपने पिछले हेड-वेटर, ड्रेसिंग रूम की जानकारी से अधिक शिक्षित प्रकृति के सुझावों पर काम कर रहा था। मेरे कनाडाई दलाल मुझे फोन करते थे, मेरी वित्तीय सेवाएँ मुझे सलाह देती थीं और अगर मुझे कोई टिप मिलती भी थी तो मुझे लगता था कि वह मुझे स्रोत से मिल रही है। मैंने कॉकटेल लाउंज में समृद्ध व्यापारियों के समाज में अधिक-से-अधिक संपर्क बनाए, जिन्होंने मुझे उन तेल कंपनियों के बारे में बताया, जो अमीर बनने जा रही थीं। वे फुसफुसाकर बताते थे कि अलास्का में यूरेनियम कहाँ था; वे क्यूबेक में सनसनीखेज घटनाक्रम के बारे में जानकारी देते थे। ये सभी भविष्य में एक विशाल संपत्ति बनाने की गारंटी देते थे, यदि आप अभी उनके स्टॉक प्राप्त कर सकते थे। मैंने किए, लेकिन उन्होंने मेरे लिए कोई पैसा नहीं बनाया।

1953 के अंत में, जब मैं न्यूयॉर्क लौटा, तो मेरे $11,000 डॉलर घटकर $5,800 डॉलर पर आ गए थे। एक बार फिर मुझे अपनी स्थिति पर पुनर्विचार करना पड़ा। व्यवसायियों की युक्तियों ने उनके द्वारा वादा किए गए एल्डोरैडो

उत्पन्न नहीं किए। सलाहकार सेवाओं ने वह जानकारी प्रदान नहीं की, जो आपको शेयर बाजार में पैसा बनाने में सक्षम बनाती है। उनके शेयरों में ऊपर के बजाय नीचे जाने का अधिक रुझान था। मुझे न्यूयॉर्क के अखबारों में अपने कुछ कनाडाई शेयरों के लिए कोटेशन नहीं मिले, फिर भी स्टॉक कोटेशन मुझे इतना रोमांचित करते थे कि मैंने 'द न्यूयॉर्क टाइम्स', 'द न्यूयॉर्क हेराल्ड ट्रिब्यून' और 'द वॉल स्ट्रीट जर्नल' जैसे समाचार-पत्रों में वित्तीय कॉलम पढ़ने शुरू कर दिए। मैंने ऐसा कोई भी शेयर नहीं खरीदा, जिसे न्यूयॉर्क ने उद्धृत किया हो, लेकिन मुझे अभी भी कुछ शेयरों के खूबसूरत नामों के प्रभाव और 'ओवर-द-काउंटर' जैसे कुछ रहस्यमयी वाक्यांशों का आकर्षण याद है।

जितना अधिक मैंने पढ़ा, उतनी ही अधिक मुझे न्यूयॉर्क के बाजार में दिलचस्पी होने लगी। मैंने अपने पूरे कनाडाई स्टॉक को, सिवाय ओल्ड स्मोकी गैस ऐंड ऑयल्स के, बेचने का फैसला कर लिया और मैंने इसे अपने पास इसीलिए रखा, क्योंकि जिस आदमी ने मुझे यह स्टॉक दिया था, उसने मुझे सलाह दी थी कि इसमें शानदार वृद्धि की उम्मीद थी। हमेशा की तरह कोई शानदार घटनाक्रम नहीं हुआ और न्यूयॉर्क में पाँच महीने के बाद मैंने असमान संघर्ष छोड़ दिया। मैंने अपना आखिरी कैनेडियन स्टॉक, जिसे मैंने 19 सेंट में खरीदा था, 10 सेंट में बेच दिया। इस बीच मैंने सोचना शुरू कर दिया था कि क्या घर के पासवाले बड़े जंगल, न्यूयॉर्क स्टॉक एक्सचेंज पर हमला करना आसान नहीं होगा। मैंने अपने एक मित्र, न्यूयॉर्क के नाट्य एजेंट, एडी एल्कोर्ट को फोन किया और उससे पूछा कि क्या वह न्यूयॉर्क के किसी ब्रोकर को जानता था? उसने मुझे एक व्यक्ति का नाम दिया, जिसे मैं लू केलर कहूँगा। □

द फंडामेंटलिस्ट

2

वॉल स्ट्रीट में प्रवेश

मैंने लू केलर को फोन किया। मैंने उन्हें बताया कि मैं कौन हूँ और क्या चाहता हूँ। अगले दिन उन्होंने मुझे हस्ताक्षर करने के लिए कुछ कागजात भेजे और मुझसे कहा कि जैसे ही मैं उन्हें जमा राशि के साथ वापस भेजूँगा, मेरा उनकी ब्रोकर फर्म के साथ एक खाता खुल जाएगा। जब मुझे उनका नोटिस मिला तो मुझे कुछ हो गया। अचानक मुझे लगने लगा कि मैं वित्तीय परिदृश्य का हिस्सा बन रहा हूँ। मैं वॉल स्ट्रीट का वर्णन नहीं कर सकता, क्योंकि मैं शारीरिक रूप से वहाँ कभी नहीं रहा हूँ, लेकिन केवल उसके नाम का भी मेरे लिए लगभग रहस्यमयी आकर्षण था।

यहाँ सबकुछ गंभीर और अलग होनेवाला था। अब मुझे मेरी कनाडाई प्रवेशन अवधि शुद्ध पागलपन भरा जुआ लग रही थी, जिसे मैं कभी नहीं दोहरानेवाला था। जब मैं न्यूयॉर्क के समाचार-पत्रों में स्टॉक मार्केट कोटेशन के लंबे भूरे कॉलमों का अध्ययन कर रहा था, तो मुझे लग रहा था कि मैं अपने जीवन में एक नए और सफल दौर में प्रवेश करनेवाला हूँ। यह सोने की खानों और यूरेनियम क्षेत्रों पर अपने त्वरित टिपऑफ के साथ वाइल्डकैट कनाडाई बाजार की तरह नहीं था। यह जिम्मेदार व्यवसाय था, बैंक अध्यक्षों और महान् औद्योगिक संयोजनों की सड़क और मैं इसमें उचित श्रद्धा के साथ प्रवेश करने की तैयारी कर रहा था।

मेरा इरादा स्टॉक मार्केट के लिए एक पहले से अधिक सतर्क और परिपक्व दृष्टिकोण लेने का था। मैंने अपनी कुल संपत्ति को जोड़ा, यह देखने के लिए कि मेरे पास इस काम के लिए कितना धन था। मैंने कनाडाई बाजार में $11,000 के साथ शुरुआत की थी—$3,000 का मेरा मूल ब्रीलंड निवेश और $8,000 का लाभ। इसमें मेरे कनाडाई अभियानों के चौदह महीनों के दौरान $5,200 की

कमी आ गई थी। अब मेरे पास ब्रीलंड निवेश से केवल $5,800 बचे थे।

वॉल स्ट्रीट में जाने के लिए यह पर्याप्त धन नहीं लग रहा था, इसलिए मैंने इसमें और जोड़ने का फैसला किया। अपनी शो बिजनेस गतिविधियों की बचत से मैंने अपनी हिस्सेदारी $10,000 तक बढ़ा दी। यह एक अच्छा अंक था और मैंने यह राशि दलाल के पास जमा कर दी।

फिर एक दिन मैंने ट्रेडिंग (व्यापार) शुरू करने का फैसला किया। मैंने लू केलर को बुलाया और अनायास ही पुराना वित्तीय खिलाड़ी होने की कोशिश करते हुए, बस उससे पूछा कि कौन से स्टॉक अच्छे हैं?

अब मैं समझ रहा हूँ कि यह जाँच एक कसाई के लिए अधिक उपयुक्त थी, लेकिन श्रीमान केलर उसके बराबर थे। उन्होंने कई 'सुरक्षित स्टॉक' सुझाए। उन्होंने मुझे मौलिक कारण भी बताए कि ये शेयर 'सुरक्षित' क्यों हैं। हालाँकि मुझे समझ में नहीं आ रहा था, फिर भी मैंने लाभांश वृद्धि, स्टॉक विभाजन, बेहतर आय जैसे स्पष्टीकरणों को ध्यान से सुना। अब यह मेरे लिए सबसे अधिक पेशेवर सलाह थी। यह आदमी वॉल स्ट्रीट पर अपनी जीविका अर्जित करता था, तो जाहिर है कि वह जानता था। इसके अलावा, उन्होंने केवल 'सुझाव दिया था।' उन्होंने जोर देकर कहा कि निर्णय 'मेरे ऊपर है।' इससे मैंने खुद को महत्त्वपूर्ण और अधिकार में महसूस किया।

जब उनके मुझे दिए एक या दो स्टॉक लगभग तुरंत ही कुछ अंकों से बढ़ गए, तो न तो मुझे उस जानकारी की उत्कृष्टता पर कोई संदेह रह गया, जो मुझे मिल रही थी और न ही स्टॉक मार्केट ऑपरेटर के रूप में उस पर कार्य करने की अपनी स्वाभाविक क्षमता पर। जो मुझे नहीं पता था, वह यह था कि मैं दुनिया द्वारा देखे गए सबसे बड़े बुल मार्केट के बीच में फँस चुका था और यह काफी मुश्किल था, जब तक कि आप आपकी किस्मत बहुत बुरी न हो कि समय-समय पर थोड़ा कागजी लाभ दिखाई न दे।

यह वह तीन खास, लगातार किए गए सौदे हैं, जो मैंने 1954 के प्रारंभिक हिस्से में पूरे किए, वह सौदे, जिन्होंने मुझे आश्वस्त किया कि मैं वॉल स्ट्रीट में एक स्वाभाविक था। इस तालिका में इस पुस्तक में आनेवाली सभी तालिकाओं की तरह मैंने कमीशनों और करों को शामिल किया है।

200 कोलंबिया पिक्चर्स			
खरीदा	20 पर	($4,050.00)	
बेचा	22⅞ पर	($4,513.42)	
			लाभ $463.42
200 नॉर्थ अमेरिकन एविएशन			
खरीदा	24¾ पर	($4,904.26)	
बेचा	26⅞ पर	($5,309.89)	
			लाभ $405.63
100 किंबर्ली-क्लार्क			
खरीदा	53½ पर	($5,390.35)	
बेचा	59 पर	($5,854.68)	
			लाभ $464.33
			कुल लाभ $1,333.38

आप देखेंगे कि इनमें से प्रत्येक सौदे ने मुझे $400 से अधिक का शुद्ध लाभ दिया। यह एक बड़ी राशि नहीं थी, लेकिन कुछ ही हफ्तों में कुल 1,333.38 डॉलर के तीन लगातार मुनाफों ने मुझे यह महसूस कराया कि ये सीधे, सरल संचालन थे और मैं नियंत्रण में था।

यह भावना कि मैं वॉल स्ट्रीट में एक लाभ के साथ काम कर रहा था, जिसमें उस जगह का एक स्वाभाविक रोब संबद्ध था, मुझे एक मूर्खतापूर्ण खुशी का अहसास करा रही थी। मुझे लग रहा था कि मैं अपनी कनाडाई नौसिखिया स्थिति खो रहा हूँ और एक आंतरिक घेरे का सदस्य बन रहा हूँ। मैं यह नहीं समझा था कि मेरी पद्धति में सुधार नहीं हुआ था कि मैं उसे कवर करने के लिए बस अधिक आडंबरपूर्ण शब्दों का उपयोग कर रहा था। उदाहरण के लिए, मैं अब ब्रोकर की सलाह को टिप्स के रूप में नहीं, बल्कि 'जानकारी' के रूप में देखता था। जहाँ तक मेरा सवाल था, मैंने टिप्स सुनना छोड़ दिया था और उसके

बजाय वैध आर्थिक साक्ष्यों के आधार पर प्रामाणिक समाचार प्राप्त कर रहा था। नाव खुशी के साथ तैर रही थी। अप्रैल और मई 1954 के दौरान मेरे कुछ सौदे इस प्रकार हैं—

	खरीदा	**बेचा**
नेशनल कंटेनर	11	12⅜
ट्राई-कॉन्टिनेंटल वॉरंट्स	5⅛	6
एलिस-चैलमर्स	50¾	54⅞
बुकीरूस-एरी	24¾	26¾
जनरल डाइनैमिक्स	43½	47¼
मेस्टा मशीन	32	34
यूनिवर्सल पिक्चर्स	19⅝	22¾

मुनाफा, मुनाफा, मुनाफा। मेरा आत्मविश्वास अपने शीर्ष पर था। स्पष्ट रूप से यह कनाडा नहीं था। यहाँ मैंने जो भी छुआ, वह सोने में बदल गया। मई के अंत तक मेरे $10,000 बढ़कर $14,600 हो गए थे।

कभी-कभार के झटके मुझे परेशान नहीं करते थे। मैं उन्हें समृद्धि की ओर ऊपर की चढ़ाई में मामूली, अपरिहार्य विलंब मानता था। इसके अलावा, जब भी कोई व्यापार सफल होता था तो मैं खुद की प्रशंसा करता था; जब मुझे नुकसान होता, तो मैं उसका दोष दलाल पर डाल देता।

मैंने लगातार व्यापार करना जारी रखा। कभी-कभी मैं अपने दलाल को दिन में बीस बार फोन करता। अगर मैं एक दिन में कम-से-कम एक सौदा नहीं करता, तो मुझे लगता कि मैं बाजार में अपनी भूमिका पूरी नहीं कर रहा हूँ। अगर मुझे कोई नया स्टॉक दिखाई देता, तो मैं उसे हासिल करना चाहता था। मैं ताजे स्टॉक के लिए इस तरह पहुँच जाता, जैसे एक बच्चा नए खिलौने के पास जाता है।

ये सौदे, जिनमें मैं जुलाई 1954 के आसपास वॉल स्ट्रीट में शामिल था, उस ऊर्जा को दिखाएँगे, जो मैंने बहुत छोटे रिटर्न के लिए खर्च की थी—

200 अमेरिकन ब्रॉड्कास्टिंग-पैरामाउंट			
खरीदा	100–16⅞ पर	($1,709.38)	
	100–17½ पर	($1,772.50)	
बेचा	17⅞ पर	($4,513.42)	
			मुनाफा $41.18
100 न्यूयॉर्क सेंट्रल			
खरीदा	21½ पर	($2,175.75)	
बेचा	22½ पर	($2,213.70)	
			मुनाफा $37.95
100 जनरल रिफ्रैक्टरीज			
खरीदा	24½ पर	($2,502.38)	
बेचा	24¾ पर	($2,442.97)	
			घाटा $59.41
100 अमेरिकन एयरलाइंस			
खरीदा	14¾ पर	($1,494.75)	
बेचा	15 पर	($1,476.92)	
घाटा			$17.83
कुल मुनाफा			$79.13
कुल घाटा			$77.24

इन सौदों में मेरा शुद्ध लाभ $1.89 था। इससे जो एकमात्र व्यक्ति खुश था, वह मेरा ब्रोकर (दलाल) था। न्यूयॉर्क स्टॉक एक्सचेंज के नियमों के अनुसार, इन दस सौदों पर उसका कमीशन $236.65 था। संयोग से, मेरे $1.89 के लाभ में मेरे टेलीफोन कॉल्स की कीमत शामिल नहीं थी।

इसके बावजूद, केवल एक चीज मुझे वास्तव में परेशान कर रही थी। आधे शब्द, जो मेरा ब्रोकर शेयर बाजार के विषय में उपयोग करता था, मुझे समझ में नहीं आते थे। मुझे अपनी अज्ञानता दिखाना पसंद नहीं था, इसीलिए मैंने इस विषय पर पढ़ने का फैसला किया। न्यूयॉर्क के दैनिक समाचार-पत्रों में वित्तीय कॉलम के अलावा, मैंने शेयर बाज़ार के बारे में किताबें पढ़ना शुरू किया, ताकि मैं उसके स्तर पर बात कर सकूँ।

धीरे-धीरे मैं नए शब्दों की एक श्रृंखला से परिचित हो गया और हमेशा उनका उपयोग करने की कोशिश करने लगा। मैं कमाई, लाभांश, पूँजीकरण जैसे शब्दों से रोमांचित था। मैंने सीखा कि 'प्रति शेयर आय' का अर्थ है—'बकाया शेयरों की संख्या से विभाजित कंपनी का शुद्ध लाभ' और 'सूचीबद्ध प्रतिभूतियाँ' वो स्टॉक होते हैं, जो न्यूयॉर्क और अमेरिकी स्टॉक एक्सचेंजों पर उद्धृत किए जाते हैं।

मैंने स्टॉक, बॉण्ड, संपत्ति (एसेट्स), प्रॉफिट्स (लाभ/मुनाफा), यील्ड्स (लाभ) की परिभाषाओं पर बहुत मेहनत की।

पढ़ने के लिए बहुत कुछ था, क्योंकि शेयर बाजार के बारे में सैकड़ों पुस्तकें प्रकाशित हैं। कई सांस्कृतिक विषयों की तुलना में, उदाहरण के लिए, स्टॉक मार्केट के बारे में अधिक लिखा गया है।

इस अवधि में मैंने इन पुस्तकों का अध्ययन किया—

आर.सी. एफिन्गेर	*ए.बी.सी. ऑफ इन्वेस्टमेंट*
डाइस ऐंड आइटमैन	*द स्टॉक मार्केट*
बी.ई. शुल्ज	*द सिक्योरिटीज मार्केट : ऐंड हाउ इट वर्क्स*
लियो बार्न्स	*योर इन्वेस्टमेंट्स*
एच.एम. गार्टली	*प्रॉफिट इन द स्टॉक मार्केट*
कर्टिस डाह्ल	*कन्सिस्टेंट प्रॉफिट्स इन द स्टॉक मार्केट*
ई.जे. मान	*यू कैन मेक मनी इन द स्टॉक मार्केट*

अपनी नई शब्दावली से और उससे जो मुझे मेरा बढ़ता ज्ञान प्रतीत हो रहा

था, लैस होकर मैं और अधिक महत्त्वाकांक्षी हो गया। मुझे लगा कि एक और ब्रीलंड खोजने का समय आ गया है। आखिरकार, कहीं-न-कहीं तो एक बड़ा, मजबूत वॉल स्ट्रीट स्टॉक होगा, जो मेरे लिए उतना ही अच्छा होगा, जितना कि वो, जिसे मैं अब 'लिटिल पैनी स्टॉक' मानता था। मैंने 'मूडी'ज, फिच' और 'स्टैंडर्ड ऐंड पूअर्स' जैसी शेयर बाजार सेवाओं की सदस्यता लेनी शुरू कर दी। उन्होंने मुझे वह दिया, जो मुझे शानदार जानकारी प्रतीत होती थी—सिवाय इसके कि मुझे उनमें कुछ भी समझ नहीं आता था।

कुछ हिस्सों में ऐसा कुछ लिखा होता था—

'टिकाऊ वस्तुओं, गैर-टिकाऊ वस्तुओं और सेवाओं के लिए उपभोक्ता व्यय में वादा किया गया विस्तार और साथ ही उत्पादक दक्षता में काफी स्पष्ट सुधार, उन कंपनियों के लिए अच्छी कमाई और लाभांश में सुधार के लिए आधार प्रदान करता है, जिनकी कमाई इन परिस्थितियों के अनुकूल प्रकृति को दरशाएगी। हमें उम्मीद है कि यह जारी अनियमितता अस्थायी रूप से बनी रहेगी, जिसकी आड़ में बाजार की वरीयता की यह नई स्थिति लागू होगी।'

वे गरिमामय, प्रभावशाली होते थे, वे मुझे वह सबकुछ बताते थे, जो मैं जानना चाहता था—सिवाय इसके कि कौन सा स्टॉक ब्रीलंड की तरह ऊपर जा रहा है। हालाँकि जब मैं उन्हें पढ़ता था, जिज्ञासा मुझ पर हावी हो जाती थी। मैं यह देखना चाहता था कि अन्य शेयर बाजार सेवाएँ क्या कह रही हैं। मैंने समाचार-पत्रों में देखा कि कनाडा की तरह एक डॉलर में मैं कुछ सेवाओं के लिए चार सप्ताह की ट्रायल सदस्यता ले सकता था। जल्द ही मैंने खुद को लगभग हर उस सेवा का ट्रायल सदस्य पाया, जो विज्ञापन करती थीं।

मैं हर जगह से क्लिपिंग एकत्र करता था—दैनिक समाचार-पत्र, वित्तीय कॉलम, बुक जैकेट। जब भी मैं एक नई वित्तीय सेवा का विज्ञापन देखता, मैं तुरंत अपना डॉलर मेल में डाल देता था।

जब विज्ञप्तियाँ आती थीं, मुझे यह देखकर आश्चर्य होता था कि वे अकसर एक-दूसरे का विरोध करती थीं। अकसर, एक सेवा जिसे खरीदने की सिफारिश करती थी, दूसरी उसी को बेचने के लिए सिफारिश करती थी। मैंने यह भी पाया कि सिफारिशें लगभग हमेशा ही कोई वादा करने से बचती थीं। वे 'प्रतिक्रियाओं

पर खरीदें' या 'डिप्स पर खरीदा जाना चाहिए' जैसे शब्दों का उपयोग करती थीं। लेकिन उनमें से किसी ने भी मुझे यह नहीं बताया कि मुझे प्रतिक्रिया या डिप किसे समझना चाहिए।

मैंने इन सबको अनदेखा कर दिया और पूरी निष्ठा के साथ स्टॉक, जो 'केवल ऊपर जा सकता है', के रहस्य को उजागर करने की उम्मीद करते हुए पढ़ता रहा।

एक दिन एक सलाहकार सेवा ने, जो खुद पर साल में केवल पाँच या छह बार जानकारी देने के लिए गर्व करती थी, इमर्सन रेडियो की जाँच करते हुए एक बहुत ही चमकदार विज्ञप्ति, जो लगभग एक पूरी किताब जितनी थी, प्रकाशित की। उसने अनुकूल रूप से इस कंपनी की तुलना शक्तिशाली आर.सी.ए. से की। उसने इमर्सन के पूँजीकरण, बिक्री की मात्रा, कर से पहले लाभ, कर के बाद लाभ, प्रति शेयर आय, तुलनात्मक मूल्य अनुपात में गहराई से जाँच की।

मुझे यह सब समझ में नहीं आया, लेकिन मैं इन वैज्ञानिक शब्दों और विश्लेषणात्मक तुलनाओं से बहुत प्रभावित हुआ। उन्होंने साबित किया कि इमर्सन स्टॉक, जो लगभग 12 में बिक रहा था, की कीमत 30 से 35 होनी चाहिए, जो उस समय की आर.सी.ए. की कीमत से तुलनीय थी।

स्वाभाविक रूप से, मैंने इमर्सन खरीद लिया। मैंने 12½ का भुगतान किया, जो उस स्टॉक के लिए एक अच्छा कम संविदा मूल्य था, जिसके लिए उस चमकदार बुकलेट ने मुझे आश्वासन दिया था कि उसका मूल्य 35 होना चाहिए। और क्या हुआ? यह निश्चित रूप से ऊपर जाने का वादा करनेवाला स्टॉक नीचे लुढ़कने लगा। हैरान, विस्मित, मैंने उसे बेच दिया।

अब मैं निश्चित हूँ कि वह गंभीर वॉल स्ट्रीट विश्लेषक, जिन्होंने यह चमकदार पुस्तिका तैयार की थी, उनके पास उच्चतम इरादों के अलावा कुछ भी नहीं था, लेकिन मुझे सच्चाई के हित में रिकॉर्ड करना होगा कि 1956 के अंत तक, यह स्टॉक 5¾ तक गिर गया था।

उस समय के लगभग मैंने एक कहावत सुनी, जो वॉल स्ट्रीट में पीढ़ियों से एक से दूसरे को कही गई है, लेकिन मेरे लिए नई थी—'आप एक लाभ लेते हुए दिवालिया नहीं हो सकते।' मैं इससे बहुत प्रभावित हुआ और मैं इसे कारवाई में

लाने के लिए छटपटा रहा था। मैंने यह इस तरह से किया—

फरवरी 1955 की शुरुआत में बाजार के लीडरों में से एक कैसर अल्युमिनियम था। अपने ब्रोकर की सिफारिश पर मैंने 100 शेयर 63 डॉलर की दर से 6,378.84 डॉलर में खरीदे। ये शेयर लगातार ऊपर चढ़ते गए और 75 पर मैंने इन्हें बेच दिया। मुझे $7,453.29 प्राप्त हुए, जिसने मुझे एक महीने से भी कम समय में $1,074.45 का मुनाफा दिया।

एक और त्वरित लाभ की उम्मीद में, मैंने 83 पर 100 बोइंग खरीदे। मैंने इन शेयरों के लिए $8,343.30 का भुगतान किया। स्टॉक लगभग तुरंत गिरना शुरू हो गया। चार दिन बाद मैंने 79⅞ पर $7,940.05 में उन्हें बेच दिया। बोइंग सौदे पर मेरा नुकसान $403.25 था।

नुकसान की भरपाई करने की कोशिश में, मैंने अप्रैल के पहले हफ्ते में मैग्मा कॉपर खरीदा, जो 89¾ पर बिक रहा था। मैंने 100 शेयरों के लिए $9,018.98 का भुगतान किया। जैसे ही मैंने उसे खरीदा, वह नीचे गिरने लगा। दो हफ्ते बाद मैंने उसे 80½ पर $8,002.18 में बेच दिया। इससे मुझे $1,016.80 का घाटा हुआ।

इस समय तक कैसर अल्युमिनियम, जिससे मैं मार्च के पहले सप्ताह में बाहर आ गया था, ऊपर चढ़कर 82 तक पहुँच गया था। एक सलाहकार सेवा उसकी सिफारिश कर रही थी, इसीलिए मैंने उस कीमत पर 100 शेयर खरीदकर उसे वापस हासिल कर लिया। मैंने उसके लिए $8,243.20 का भुगतान किया।

पाँच मिनट बाद उसने लुढ़कना शुरू कर दिया। चूँकि मैं और नुकसान का जोखिम नहीं उठाना चाहता था, मैंने उसे 81¾ में बेच दिया और $8,127.59 प्राप्त किए। इसका मतलब यह था कि पाँच मिनट के व्यापार में मुझे कमीशन सहित $115.61 का घाटा हुआ।

अपने पहले कैसर सौदे में मैंने 1,074.45 डॉलर का मुनाफा कमाया था। अन्य शेयरों में जाने और बाहर आने से होनेवाले नुकसान का मूल्य $1,535.66 था। इसलिए सौदे के पूरे गोल चक्र ने, जो कि कैसर के साथ शुरू हुआ था और कैसर के साथ समाप्त हुआ, मुझे $461.21 का शुद्ध घाटा दिया।

अगर मैं अपनी 63⅜ की मूल खरीद से 81¾ की अंतिम बिक्री तक कैसर के साथ टिका रहता, तो मुझे $461.21 के नुकसान के बदले $1,748.75 का लाभ हुआ होता।

यहाँ एक और मामला है। नवंबर 1954 से मार्च 1955 तक मैं रायोनीर नामक स्टॉक में लगातार अंदर और बाहर कूद रहा था, जो आठ महीने की अवधि में ऊपर चढ़कर लगभग 50 से 100 हो गया था। ये रायोनीर में मेरे सौदे थे, एक समय में 100 शेयर—

नवंबर–दिसंबर 1954			
खरीदा	53 पर	($5,340.30)	
बेचा	58¼ पर	($5,779.99)	
मुनाफा			**$439.69**
फरवरी–मार्च 1955			
खरीदा	63⅞ पर	($6,428.89)	
बेचा	71⅝ पर	($7,116.13)	
मुनाफा			**$687.24**
मार्च 1955			
खरीदा	72 पर	($7,242.20)	
बेचा	74 पर	($7,353.39)	
मुनाफा			**$111.19**
कुल मुनाफा			**$1,238.12**

सौदों की इस श्रृंखला पर मुझे जो मुनाफा हुआ, वह $1,238.12 था। लेकिन एक बार फिर नुकसान के पुराने पैटर्न ने खुद को दोहराया। अप्रैल 1955 में मैंने मनाटी शुगर में निवेश किया। मैंने 8% पर 1,000 शेयर खरीदे, जिसके लिए मैंने $8,508.80 का भुगतान किया। इसके तुरंत बाद वह नीचे की ओर लुढ़कने लगा और मैंने अपने शेयर 7¾, 7⅝ और 7½ की अलग-अलग

कीमतों पर बेच दिए। मुझे कुल $7,465.70 मिले, जिससे मुझे $1,043.10 का घाटा हुआ। इससे मुझे रायोनीर-मनाटी के संयुक्त सौदे पर $195.02 का शुद्ध लाभ हुआ।

हालाँकि अगर मैंने लगातार लाभ लेने की कोशिश किए बिना रायोनीर की अपनी मूल नवंबर की खरीद को अपने पास रखा होता और अप्रैल में उसे 80 पर बेचा होता, तो मुझे $195.02 के बजाय $2,612.48 का मुनाफा हुआ होता।

इन सबका क्या मतलब था? मैंने उस समय इसे नहीं समझा, लेकिन यह 'आप एक लाभ लेते हुए दिवालिया नहीं हो सकते', का एक क्लासिक खंडन था। बेशक आप हो सकते हैं।

एक और शेयर बाजार कहावत, जिसने मुझे मोहित करना शुरू किया, थी—'सस्ता खरीदें, महँगा बेचें।' यह और बेहतर लग रही थी। लेकिन मैं कुछ सस्ता कहाँ से खरीद सकता था? जब मैंने अच्छे सौदे की खोज की, तो मुझे ओवर-द-काउंटर मार्केट मिला—असूचीबद्ध प्रतिभूतियों का बाजार। मैं अपनी पुस्तकों से जानता था कि स्टॉक एक्सचेंज में अपने स्टॉक को सूचीबद्ध करने और उनका सौदा करवाने के लिए एक कंपनी को बहुत कड़े वित्तीय नियमों का पालन करना होता है। मैंने पढ़ा था कि यह ओवर-द-काउंटर स्टॉक पर लागू नहीं होता था।

इसलिए यह बाजार मुझे एक सौदा खोजने के लिए सही जगह लग रहा था। मेरा यह मानना था कि क्योंकि ये स्टॉक सूचीबद्ध नहीं थे, इसीलिए बहुत कम लोग उनके बारे में जानते थे और मैं उन्हें सस्ते में खरीद सकता था। मैंने जल्दबाजी में 'ओवर-द-काउंटर सिक्योरिटीज रिव्यू' नामक एक मासिक पुस्तिका की सदस्यता ली और अपनी तलाश शुरू कर दी।

मैंने उन सैकड़ों-हजारों नामों के बीच उन सौदों की उत्सुकता से खोज की, जो कोई प्रस्ताव देते लग रहे थे। मैंने पैसिफिक एयरमोटिव, कॉलिन्स रेडियो, गल्फ सल्फर, डोमन हेलिकॉप्टर, केन्नामेटल, टेकोइल कॉरपोरेशन के स्टॉक के अलावा कुछ अन्य अस्पष्ट स्टॉक भी खरीदे। मुझे नहीं पता था कि जब मैं उन्हें बिक्री के लिए पेश करने के लिए जाऊँगा, तो इनमें से कुछ स्टॉक मेरी उँगलियों पर तार की तरह चिपक जाएँगे। मुझे उनसे छुटकारा पाने में बहुत मुश्किल हुई

और मुझे शायद ही कभी वह कीमत मिली, जिसका मैंने उनके लिए भुगतान किया था। क्यों? क्योंकि वहाँ कोई कठोर मूल्य अनुशासन नहीं था, जैसा कि सूचीबद्ध प्रतिभूतियों के लिए होता है; वहाँ कोई विशेषज्ञ नहीं थे—ऐसे पेशेवर, जो एक सतत और व्यवस्थित बाजार का आश्वासन देते; ऐसी कोई रिपोर्ट नहीं थी, जिसमें कोई यह देख सके कि सौदा किस कीमत पर हुआ था। वहाँ केवल 'बिड' (बोली) और 'आस्क' (पूछ) मूल्य थे, मैंने यह पाया, अकसर एक-दूसरे से बहुत दूर होते थे। जब मैं 42 पर बेचना चाहता था, जो कि उद्धृत किया गया 'पूछ' मूल्य था, तो मुझे केवल 38 पर एक खरीदार मिलता, जो कि उद्धृत 'बोली' मूल्य था। मैं कभी-कभी 40 तक आ जाता था, लेकिन यह किसी भी तरह से निश्चित नहीं था।

जब मैं संयोग से ओवर-द-काउंटर बाजार में पहुँचा, तो इन सब चीजों से अनजान था। सौभाग्य से, मुझे जल्दी ही पता चल गया कि यह एक विशेषज्ञता का क्षेत्र है और केवल उन विशेषज्ञों के लिए आकर्षक है, जो वास्तव में किसी विशेष कंपनी के मामलों के बारे में कुछ जानते हैं। मैंने इसे छोड़ने का फैसला किया और अपना ध्यान फिर से सूचीबद्ध प्रतिभूतियों पर लौटा दिया।

इस पूरी अवधि में, मैंने कभी किसी वॉल स्ट्रीट अफवाह की सच्चाई पर सवाल नहीं उठाया। मेरे पास यह जानने का कोई तरीका नहीं था कि वे भी कनाडाई या अन्य बाजारों में अफवाहों की तरह ही गलत और खतरनाक होते हैं।

जिसे मैं ठोस जानकारी मानता था, वह सीधे वॉल स्ट्रीट से आती थी और मेरे लिए सबसे सनसनीखेज प्रलोभन होती थी। यहाँ दो विशिष्ट मामले हैं, जो उस सूचना के प्रकार को दिखाते हैं, जिन्हें मैंने निगल लिया और उन पर कार्य किया—

एक दिन बाजार में एक जोरदार अफवाह उठी कि रेल उपकरण निर्माताओं की एक फर्म बाल्डविन-लीमा-हैमिल्टन को एक परमाणु ट्रेन बनाने का आदेश मिला था। वॉल स्ट्रीट इस पर तुरंत हरकत में आ गई। स्टॉक जो 12 पर था, वह 20 से ऊपर चला गया।

जब तक मैंने यह चौंकानेवाली जानकारी सुनी, तब तक स्टॉक बढ़कर वहाँ पहुँच गया था, जो बाद में उसका चरम निकला। मैंने 24½ पर 200 शेयर

खरीदे। खरीद मूल्य $4,954.50 था। मैंने दो सप्ताह तक स्टॉक को रखा और अत्यंत अविश्वास के साथ उसे धीरे-धीरे 19¼ पर वापस आते देखता रहा। तब तक मैं भी समझ चुका था कि कहीं कुछ गलत था और मैंने उसे $1,160.38 के नुकसान पर बेच दिया। हालाँकि मैंने अपनी घबराहट में बिल्कुल सही काम किया था। मैं उस स्टॉक के साथ इससे भी खराब कर सकता था, क्योंकि वह बाद में नीचे गिरकर 12¼ पर आ गया था।

एक अन्य अवसर पर मेरे ब्रोकर ने मुझे फोन किया और कहा, "साल के अंत से पहले स्टर्लिंग प्रीसिशन 40 पर जाएगी।" स्टॉक 8 पर उद्धृत किया गया था। उसने मुझे इसका कारण दिया—

"कंपनी कई और छोटी समृद्ध कंपनियों को खरीद रही है और कुछ ही समय में विशालकाय हो जाएगी।" उसने कहा कि यह सीधी जानकारी है।

मेरे लिए यह पर्याप्त था। क्यों नहीं? एक वॉल स्ट्रीट ब्रोकर ने, जो मुझे लगता था कि संभवत: गलत नहीं हो सकता, मुझ पर यह प्रामाणिक समाचार देने का उपकार किया था। मैं जल्द-से-जल्द अपना क्रय आदेश देना चाहता था। मैंने सूचना के मेरे स्रोत के मद्देनजर इस पर बड़ा दाँव लगाने का निर्णय लिया। मैंने $8,023.10 का भुगतान करके 7⅞ पर स्टर्लिंग प्रीसिशन के 1,000 शेयर खरीदे। मैं उन्हें 40 की ओर चढ़ते हुए देखने के लिए खुशी से बैठा था। 40 की ओर जाना तो दूर, वह डगमगाने लगा। धीरे-धीरे वह नीचे की ओर खिसक गया। जब ऐसा लग रहा था कि यह 7 से नीचे आ जाएगा, स्पष्ट रूप से कुछ गलत हो गया था, तो मैंने 7⅛ की दर पर 6,967.45 में स्टॉक बेच दिया। इस जानकारी ने मुझे कुछ ही दिनों में $1,055.65 का नुकसान दिखाया। बाद में स्टॉक 4 के निचले स्तर को छू गया।

लेकिन वॉल स्ट्रीट का हिस्सा होने के कारण मुझे जो गर्व महसूस होता था, वह इन नुकसानों की भरपाई कर देता था और मैं लगातार नए प्रस्तावों की खोज में रहता था। एक दिन 'द वॉल स्ट्रीट जर्नल' पढ़ते हुए, मैंने सूचीबद्ध कंपनियों के अधिकारियों और निदेशकों द्वारा स्टॉक के सौदों की रिपोर्ट देता एक कॉलम देखा। जब मैंने उस पर गौर किया तो मुझे पता चला कि हेर-फेर को रोकने के लिए प्रतिभूति और विनिमय आयोग ने यह आवश्यक कर दिया था कि अधिकारी

और निदेशक जब भी अपनी कंपनी के शेयरों को खरीदें या बेचें, तो वे उन सौदों की सूचना दें। अब यह कुछ बात थी! यहाँ मेरे लिए यह जानने का एक तरीका था कि असली 'अंदरूनी लोग' क्या कर रहे थे। मुझे बस उनका अनुसरण करना था। अगर वे खरीद रहे हैं, तो मैं खरीदूँगा। अगर वे बेच रहे हैं, तो मैं बेच दूँगा।

मैंने इस रास्ते की कोशिश की, लेकिन इसने काम नहीं किया। जब तक मुझे अंदरूनी लेन-देन के बारे में पता चलता, तब तक हमेशा बहुत देर हो चुकी होती थी। इसके अलावा, मैंने अकसर पाया कि अंदर के लोग भी इनसान ही थे। अन्य निवेशकों की तरह, वे अकसर बहुत देर से खरीदते थे या बहुत जल्दी बेच देते थे। मैंने एक और खोज की। वे अपनी कंपनी के बारे में सबकुछ जानते हो सकते थे, लेकिन वे उस बाजार के रवैये के बारे में नहीं जानते थे, जिसमें उनका स्टॉक बेचा जाता था।

इन और अन्य अनुभवों के माध्यम से, हालाँकि कुछ निष्कर्ष निकलने शुरू हो गए। जिस तरह एक बच्चा बार-बार एक ही शब्द सुनने पर उसे सीखने लगता है, उसी तरह मैंने धीरे-धीरे, अपने व्यापारिक अनुभवों के माध्यम से कुछ नियमों की रूपरेखाओं को पहचानना शुरू कर दिया, जिन्हें मैं लागू कर सकता था।

वे थे—

1. मुझे सलाहकार सेवाओं का अनुसरण नहीं करना चाहिए। वे अचूक नहीं होती हैं, न तो कनाडा में और न वॉल स्ट्रीट में।
2. मुझे दलालों की सलाह से सावधान रहना चाहिए। वे गलत हो सकते हैं।
3. मुझे वॉल स्ट्रीट की कहावतों को नजरअंदाज करना चाहिए, चाहे वह कितनी भी प्राचीन और पूजनीय क्यों न हो।
4. मुझे 'ओवर-द-काउंटर' व्यापार नहीं करना चाहिए—केवल सूचीबद्ध शेयरों में करना चाहिए, जहाँ हमेशा एक खरीदार होता है, जब मैं बेचना चाहता हूँ।
5. मुझे अफवाहों पर ध्यान नहीं देना चाहिए, चाहे वे कितनी भी अच्छी तरह से स्थापित प्रतीत हो रही हों।

6. मौलिक दृष्टिकोण ने मेरे लिए जुए से बेहतर काम किया। मुझे इसका अध्ययन करना चाहिए।

मैंने खुद के लिए ये नियम लिख लिये और इनके अनुसार कार्य करने का निश्चय किया। मैंने अपने ब्रोकरेज स्टेटमेंट्स फिर से देखे और तब मैंने एक सौदे की खोज की, जिसने मुझे एक सातवाँ नियम दिया और उसके तुरंत बाद की घटनाओं को जन्म दिया। मुझे पता चला कि मैं एक स्टॉक का मालिक था, जिसके बारे में मैं नहीं जानता था।

यह स्टॉक वर्जीनियन रेलवे का था और मैंने अगस्त 1954 में 29¾ पर उसके 100 शेयर $3,004.88 में खरीदे थे। मैंने ये शेयर खरीदे थे और इन्हें भूल गया था, केवल इसीलिए कि मैं दर्जनों शेयरों में अंदर और बाहर कूदते हुए टेलीफोन पर बहुत व्यस्त था—कभी-कभी 75 सेंट जैसा छोटा मुनाफा बनाते हुए और कभी किसी लुढ़क रहे स्टॉक के बारे में बात करते हुए, उसके और नीचे जाने से पहले उसे बेचने की कोशिश करते हुए।

वर्जिन रेलवे ने मुझे कभी एक पल की भी चिंता नहीं दी थी, इसीलिए मैंने उसे अकेला छोड़ दिया था। वह एक अच्छे बच्चे की तरह था, जो कोने में चुपचाप खेलता रहता था, जबकि मैं एक दर्जन बुरे बच्चों के व्यवहार के बारे में सोचता और चिंता करता रहता था। अब जब मैंने उसका नाम देखा—ग्यारह महीने तक उसे रखने के बाद—तो मैंने उसे मुश्किल से पहचाना। वह इतनी शांति से पड़ा था कि मेरे दिमाग से पूरी तरह निकल गया था। मैं भागकर अपनी स्टॉक तालिका के पास गया। वह 43 पर खड़ा था।

यह भूला हुआ, शांत, लाभांश देनेवाला स्टॉक धीरे-धीरे ऊपर चढ़ रहा था। मैंने उसे बेचा और $4,308.56 प्राप्त किए। मेरी ओर से किसी प्रयास के बिना, यहाँ तक कि किसी चिंता के बिना, उसने मुझे $1,303.68 का मुनाफा दिया। उसने मुझे इस बात से भी हलका सा अवगत कराया कि मेरा नियम नंबर 7 क्या होनेवाला था। मुझे एक समय में छोटी अवधि के लिए एक दर्जन शेयरों के साथ बाजीगरी करने के बजाय लंबी अवधि के लिए एक बढ़ते स्टॉक को रोककर रखना चाहिए।

लेकिन कौन सा स्टॉक ऊपर जाएगा ? इसे अपने आप कैसे खोजें ?

मैंने वर्जीनियन रेलवे पर एक नजर डालने का फैसला किया। जबकि अन्य शेयर ऊपर-नीचे कूद रहे थे, इसकी लगातार वृद्धि का कारण क्या था ? मैंने अपने ब्रोकर से जानकारी माँगी। उन्होंने मुझे बताया कि कंपनी एक अच्छा लाभांश देती थी और उसका कमाई का अच्छा रिकॉर्ड था। उसकी वित्तीय स्थिति उत्कृष्ट थी। अब मुझे उसके लगातार बढ़ने का कारण पता था। यह एक बुनियादी कारण था। इसने मुझे मेरे मौलिक दृष्टिकोण के सही होने के बारे में आश्वस्त किया।

मैंने इस दृष्टिकोण को परिष्कृत करने के लिए अपना मन बना लिया। मैंने पढ़ा, अध्ययन किया, विश्लेषण किया। मैं आदर्श स्टॉक खोजने के लिए निकल पड़ा।

मैंने सोचा कि अगर मैं वास्तव में कंपनी की रिपोर्टों का अध्ययन करता हूँ तो मैं एक स्टॉक के बारे में सबकुछ जान सकता हूँ और तय कर सकता हूँ कि वह एक अच्छा निवेश है या नहीं। मैंने बैलेंस शीट और आय खातों के बारे में सब सीखना शुरू कर दिया। 'एसेट्स', 'लाइबिलिटीज', 'कैपिटलाइजेशन' और 'राइट-ऑफ्स' जैसे शब्द मेरी शब्दावली में आम हो गए।

महीनों तक मैं इन समस्याओं में उलझा रहा। रातों को, अपने दैनिक सौदों के बाद घंटों तक, मैं सैकड़ों कंपनियों के स्टेटमेंट्स में डूबा रहता। मैंने उनकी संपत्ति, उनकी देनदारियों, उनके लाभ मार्जिन, उनके मूल्य अनुपात की तुलना की।

मैंने इस तरह की सूचियों का अध्ययन किया—

- शीर्ष गुणवत्ता रेटिंगवाले स्टॉक
- विशेषज्ञों की पसंदवाले स्टॉक
- बुक वैल्यू से नीचे बिकनेवाले स्टॉक
- मजबूत नकदी की स्थितिवाले स्टॉक
- स्टॉक, जिन्होंने कभी अपने लाभांश में कटौती नहीं की है

हालाँकि बार-बार मेरे सामने वही समस्या आती थी। जब चीजें कागज पर सही दिखती थीं, जब बैलेंस शीट सही लगती थीं, संभावनाएँ उज्ज्वल लगती थीं, तो शेयर बाजार कभी उनके अनुसार काम नहीं करता था।

उदाहरण के लिए, जब मैंने लगभग एक दर्जन कपड़ा कंपनियों की वित्तीय स्थिति की ध्यान से तुलना की और बहुत अध्ययन के बाद निर्णय लिया कि बैलेंस शीट स्पष्ट रूप से संकेत दे रही थी कि अमेरिकन विसकोस और स्टीवंस सबसे अच्छे विकल्प थे, तो मेरे लिए बहुत हैरान करनेवाली बात थी कि टेक्सट्रॉन नाम का एक अन्य स्टॉक कीमत में आगे क्यों बढ़ रहा है, जबकि मेरे दो चुने हुए स्टॉक नहीं? मुझे यह पैटर्न अन्य उद्योग समूहों में बार-बार देखने को मिला।

चकित और थोड़ा असंतुष्ट, मैं सोचने लगा कि क्या किसी कंपनी के गुणों के बारे में एक उच्च अधिकारी के फैसले को अपनाना समझदारी नहीं होगी। मैंने अपने ब्रोकर से पूछा कि क्या ऐसा कोई अधिकारी है? उसने एक व्यापक रूप से इस्तेमाल की जानेवाली गंभीर, बहुत विश्वसनीय मासिक सेवा की सिफारिश की, जो कई हजार शेयरों पर महत्त्वपूर्ण डाटा देती है—उनके व्यवसाय की प्रकृति, कम-से-कम बीस साल के लिए उनकी कीमतें, उनके लाभांश भुगतान, उनकी वित्तीय संरचना और उनकी प्रति शेयर वार्षिक आय। यह सुरक्षा और मूल्य के सापेक्ष स्तर के अनुसार प्रत्येक स्टॉक को रेट भी करती है। मैं यह देखकर अचंभित था कि यह कैसे किया जाता था।

उच्च श्रेणी के शेयर, जिनके लाभांश भुगतान को अपेक्षाकृत सुनिश्चित माना जाता है, इस तरह रेट किए जाते हैं—

एएए—सबसे सुरक्षित

एए—सुरक्षित

ए—अच्छा

निवेश मेरिट स्टॉक, जो आमतौर पर लाभांश का भुगतान करते हैं—

बीबीबी—समूह का सर्वश्रेष्ठ

बीबी—अच्छा

बी—साधारण

कम ग्रेड के स्टॉक, जो लाभांश देते हैं, लेकिन जिनका भविष्य निश्चित नहीं—

सीसीसी—समूह के सर्वश्रेष्ठ

सीसी—साधारण लाभांश संभावनाएँ

सी—कम लाभांश संभावनाएँ

न्यूनतम ग्रेड स्टॉक—

डीडीडी—कोई लाभांश संभावनाएँ नहीं

डीडी—कम स्पष्ट मूल्य

डी—कोई स्पष्ट मूल्य नहीं

मैंने इन सभी मूल्यांकनों (रेटिंग) का बहुत ध्यान से अध्ययन किया। यह बहुत ही सरल लग रहा था। अब मेरे लिए बैलेंस शीट और आय खातों का विश्लेषण करने की कोई आवश्यकता नहीं थी। यह सब मेरे सामने था, मुझे केवल तुलना करनी थी—A, B से बेहतर है और C, D से बेहतर है।

मैं इस नए दृष्टिकोण के साथ मगन और खुश था। मेरे लिए इसमें ठंडे विज्ञान का आकर्षण था। अब मैं उन्मत्त, चिंतित करनेवाली अफवाह का खिलौना नहीं था। मैं शांत, असंबद्ध फाइनेंसर बनता जा रहा था।

मुझे यकीन था कि मैं अपने भाग्य की नींव रख रहा हूँ। मैं अब सक्षम और आत्मविश्वास से भरा महसूस कर रहा था। मैं किसी की नहीं सुनता था, मैं किसी से सलाह नहीं लेता था। मैंने सोच लिया कि मैंने पहले जो कुछ भी किया था, वह मेरे कैनेडियन जुए की अवधि जितना लापरवाह था। मुझे लग रहा था कि सफलता हासिल करने के लिए मुझे अब केवल अपनी खुद की तुलनात्मक तालिकाएँ तैयार करने की आवश्यकता है। यह मैंने किया, कार्य में कई गंभीर घंटे बिताते हुए।

□

3

मेरा पहला संकट

मैंने जितना पढ़ा था, उससे मुझे पता था कि स्टॉक (वास्तव में झुंड की तरह) उस उद्योग के अनुसार समूह बनाते हैं, जिनका वे प्रतिनिधित्व करते हैं और यह कि एक ही उद्योग से संबंधित शेयरों की बाजार में एक साथ, ऊपर या नीचे, चलने की प्रवृत्ति होती है।

मुझे यह तर्कसंगत लग रहा था कि मैं मौलिक विश्लेषण के माध्यम से निम्नलिखित को खोजने की कोशिश करूँ—

(क) सबसे मजबूत उद्योग समूह,

(ख) उस उद्योग समूह के अंदर सबसे मजबूत कंपनी।

फिर मुझे उस कंपनी का स्टॉक खरीदना चाहिए और उसे अपने पास रोककर रखना चाहिए, क्योंकि इस तरह के आदर्श स्टॉक में वृद्धि होनी ही चाहिए।

मैंने एक स्टॉक के व्यक्तित्व का उसके उद्योग समूह के संबंध में अध्ययन करना शुरू कर दिया। जब मैं जनरल मोटर्स के उद्धरण पढ़ता था, तो मैं स्वतः ही क्रिसलर, स्टूडबेकर और अमेरिकन मोटर्स के कोटेशन भी देखता था। यदि मैं कैसर अल्युमिनियम को देखता, तो बाद में मेरी नजर स्वतः ही रेनॉल्ड्स मेटल्स, ऐलकोआ और अल्युमिनियम लिमिटेड की ओर चली जाती थी। ए˙˙˙ बी˙˙˙सी˙˙˙ क्रमांक में स्टॉक तालिका पढ़ने के बजाय मैं हमेशा उन्हें उद्योग समूहों में पढ़ता था।

जब भी कोई शेयर आमतौर पर बाजार से बेहतर व्यवहार करने लगता, तो मैं तुरंत उसके भाइयों के व्यवहार को देखता था, यानी उसी उद्योग समूह के शेयरों को। अगर मुझे पता चलता था कि उसके भाई भी अच्छा व्यवहार कर रहे

हैं, तो मैं परिवार के मुखिया की तलाश करता था—वह स्टॉक, जो सबसे अच्छा काम कर रहा था, उनका लीडर। मैंने अंदाज लगाया कि अगर मैं लीडर के साथ पैसा नहीं बना सका, तो मैं निश्चित रूप से दूसरों के साथ पैसा नहीं कमाऊँगा।

मैं यह सब करने में कितना आनंदित और महत्त्वपूर्ण महसूस करता था! यह गंभीर, वैज्ञानिक तरीका मुझे वित्त में जल्द ही स्नातक हो रहे विशेषज्ञ की तरह महसूस करवा रहा था। इसके अलावा, मुझे लगा कि यह केवल सिद्धांत से कुछ अधिक था। मैं यह सब अभ्यास में डालनेवाला था और बहुत पैसा कमानेवाला था।

मैंने तेल, मोटर, विमान, स्टील जैसे पूर्ण उद्योग समूहों की कमाई को संकलित करके शुरुआत की। मैंने उनकी पिछली कमाई की तुलना उनकी वर्तमान कमाई से की। फिर मैंने इस कमाई की तुलना अन्य उद्योग समूहों की कमाई से की। मैंने उनके लाभ मार्जिन, उनकी मूल्य-कमाई अनुपात, उनके पूँजीकरण का सावधानीपूर्वक मूल्यांकन किया।

अंत में, जबरदस्त मात्रा में छानबीन और ध्यान केंद्रित करने के बाद, मैंने फैसला किया कि इस्पात उद्योग ही वह साधन है, जो मुझे अमीर बनाएगा।

यह निर्णय लेने के बाद, मैंने इस उद्योग की सूक्ष्मतम विस्तार से जाँच की। एक बार फिर मैंने अपनी रेटिंग सेवा में अच्छी तरह छानबीन की।

मैं सुरक्षित खेलने के लिए दृढ़ था, इसलिए मुझे लगा कि खरीदने के लिए स्टॉक 'ए' रेंज में होना चाहिए और उसे उच्च लाभांश का भुगतान करना चाहिए। लेकिन मुझे एक हैरान करनेवाली बात पता चली। जब मैंने इसमें छानबीन की तो मुझे पता चला कि 'ए' रेटिंग बेहद दुर्लभ थी और लगभग हमेशा पसंदीदा शेयरों के लिए होती थी। ये शेयर मूल्य की दृष्टि से अपेक्षाकृत स्थिर होते थे और शायद ही कभी शानदार रूप से ऊपर जाते थे। जाहिर है, ये मेरे लिए नहीं थे।

मैंने 'बी' रेंज पर एक नजर डालने का निर्णय लिया। यहाँ स्टॉक ठीक लग रहे थे और वे असंख्य थे। मैंने उनमें से पाँच सबसे अधिक ज्ञात चुने और उनकी एक-दूसरे से तुलना करनी शुरू कर दी। मैंने यह पूरी शिद्दत के साथ किया। मैंने अपनी तुलना तालिका इस तरह बनाई—

Company	Rating	Price: End of the June 1955	Price earnings ratio	Earnings per share			Estimated 1955	
				1952	1953	1954	Earnings	Dividend
Bethlehem Steel	BB	142	7.9	8.80	13.30	13.18	18.00	7.25
Inland Steel	BB	79	8.3	4.85	6.90	7.92	9.50	4.25
U.S. Steel	BB	54	8.4	2.27	3.78	3.23	6.50	2.15
Jones & Laughl in	B	41½	54	2.91	4.77	3.80	7.75	2.25
Republic SteeL	B	47¼	8.5	3.61	4.63	3.55	5.50	2.50

जब मैंने अपनी तालिका को देखा, तो मुझे उत्तेजना की लहर महसूस होने लगी। मेरी तालिका एक तराजू पर सूचक की तरह स्पष्ट रूप से एक स्टॉक को इंगित कर रही थी—जॉन्स ऐंड लाफलिन। मैं सोच भी नहीं सकता था कि पहले किसी ने इस पर ध्यान क्यों नहीं दिया। इसके बारे में सबकुछ बिल्कुल सही था।

यह एक मजबूत उद्योग समूह से संबंधित था।

इसकी मजबूत बी रेटिंग थी।

यह लगभग 6 प्रतिशत लाभांश का भुगतान कर रहा था।

समूह में किसी भी अन्य स्टॉक की तुलना में इसका मूल्य-आय अनुपात बेहतर था।

मैं एक जबरदस्त उत्साह से भर गया। निस्संदेह यही वह स्वर्णिम कुंजी थी। मुझे मेरा भाग्य पके सेब की तरह मेरी मुट्ठी के भीतर महसूस हुआ। यह वो स्टॉक था, जो मुझे अमीर बनानेवाला था। यह सुरक्षित वैज्ञानिक निश्चितता थी, एक नया और पहले से बड़ा ब्रीलंड। इसका किसी भी क्षण 20 से 30 अंक तक उछलना सुनिश्चित था।

मुझे केवल एक बड़ी चिंता थी। वह थी—इसे बड़ी मात्रा में खरीदना, शीघ्रता से, इससे पहले कि दूसरे इसकी खोज कर लेते। मैं अपने विस्तृत अध्ययन के आधार पर अपने निर्णय के बारे में इतना निश्चित था कि मैंने हर संभव स्रोत से धन जुटाने का निर्णय लिया।

मेरे पास लास वेगास में कुछ संपत्ति थी, जो मैंने नर्तक के रूप में कई वर्षों की कमाई से खरीदी थी। मैंने उसे गिरवी रख दिया। मेरी एक बीमा पॉलिसी थी। मैंने उस पर कर्ज ले लिया। मेरा न्यूयॉर्क में 'लैटिन क्वार्टर' के साथ एक दीर्घकालिक अनुबंध था। मैंने उनसे एडवांस माँगा।

मुझे एक पल के लिए भी हिचकिचाहट नहीं हुई। मुझे कोई संदेह नहीं था। मेरे सबसे वैज्ञानिक और सतर्क शोधों के अनुसार, कुछ भी गलत नहीं हो सकता था।

23 सितंबर, 1955 को मैंने मार्जिन पर, जो उस समय 70 प्रतिशत थी, 52¼ पर जॉन्स ऐंड लाफलिन के 1,000 शेयर खरीदे, जो उस समय 70 प्रतिशत थी। कीमत $52,652.30 थी और मुझे $36,856.61 नकद में जमा

करना था। इस राशि को इकट्ठा करने के लिए मैंने गारंटी के रूप में अपनी सारी संपत्ति लगा दी थी।

यह सब मैंने पूरे आत्मविश्वास के साथ किया था। अब करने के लिए कुछ नहीं था, बजाय शांति से बैठकर उस समय का इंतजार करने के, जब मैं अपने पक्के सिद्धांत की फसल काटना शुरू करनेवाला था।

26 सितंबर को बिजली गिरी और जॉन्स ऐंड लाफलिन नीचे गिरने लगा।

मुझे विश्वास नहीं हो रहा था। ऐसा कैसे हो सकता है ? यह तो नया ब्रीलंड था। यह मेरा भाग्य चमकानेवाला था। यह कोई जुआ नहीं था, यह एक पूरी तरह से अलग ऑपरेशन था, अचूक आँकड़ों पर आधारित। फिर भी स्टॉक का गिरना जारी रहा।

मैं उसे गिरते देख रहा था और फिर भी मैं वास्तविकता का सामना करने से इनकार कर रहा था। मुझे लकवा मार गया था। मुझे बिल्कुल नहीं पता था कि मुझे क्या करना चाहिए। क्या मुझे बेच देना चाहिए ? मैं ऐसा कैसे कर सकता था ? मेरे प्रक्षेपण में, जो मेरे संपूर्ण अध्ययनों पर आधारित था, जॉन्स ऐंड लाफलिन का मूल्य कम-से-कम $75 प्रति शेयर था। यह सिर्फ एक अस्थायी झटका था, मैंने खुद से कहा। ड्रॉप का कोई कारण नहीं है। यह एक अच्छा मजबूत स्टॉक है; यह वापस आ जाएगा। मुझे रुकना चाहिए। और मैं रुका रहा, और रुका रहा।

जैसे-जैसे दिन बीतते गए मुझे कोटेशन (उद्धरण) देखने में डर लगने लगा। जब मैं अपने ब्रोकर को फोन करता तो मैं काँपता था। जब मैं अपना अखबार खोलता था तो मुझे डर लगता था।

जब तीन अंकों की गिरावट के बाद स्टॉक आधा अंक बढ़ गया, तो उसके साथ मेरी उम्मीदें बढ़ने लगीं। यह इसके ठीक होने की शुरुआत है, मैंने कहा। मेरा डर अस्थायी रूप से शांत हो गया। लेकिन अगले दिन शेयर ने फिर से नीचे गिरना शुरू कर दिया। 10 अक्तूबर को, जब उसने 44 के अंक को छुआ, तो मैं दहशत में आ गया। यह और कितना नीचे लुढ़केगा ? मुझे क्या करना चाहिए ? मेरा पक्षाघात आतंक में बदल गया। उस हर एक अंक का, जिससे स्टॉक गिर रहा था, मतलब था मेरे लिए एक और $1,000 का नुकसान। यह मेरे मानसिक

संतुलन के लिए बहुत ज्यादा था। मैंने बेचने का फैसला कर लिया और मेरे खाते में $43,583.12 आ गए। मेरा शुद्ध घाटा $9,069.18 था।

मैं टूट गया था, खत्म हो गया था, बरबाद हो गया था। वैज्ञानिक वॉल स्ट्रीट ऑपरेटर के रूप में अपने बारे में मेरे सभी आत्मसंतुष्ट विचार धराशायी हो गए। मुझे लगा, जैसे एक विशाल भालू ने मुझ पर हमला कर दिया था और मुझे कुचल दिया था, ठीक उस समय जब मैं उसे शूट करने की तैयारी कर रहा था। कहाँ था विज्ञान? इतना शोध किस काम का था? मेरे आँकड़ों का क्या हुआ?

किसी के लिए भी इस आघात के तोड़ देनेवाले प्रभावों की कल्पना करना मुश्किल होगा। अगर मैं एक जुनूनी जुआरी होता, तो मैं इस तरह की स्थिति की उम्मीद कर सकता था। लेकिन मैंने ऐसा न होने की पूरी कोशिश की थी। मैंने लंबी और कड़ी मेहनत की थी। मैंने गलती से बचने के लिए हर संभव कोशिश की थी। मैंने शोध किया था, विश्लेषण किया था, तुलना की थी। मैंने अपना निर्णय सबसे भरोसेमंद मूलभूत जानकारी के आधार पर लिया था। और फिर भी, एकमात्र परिणाम यह था कि मैं $9,000 की हद तक बरबाद हो गया था।

मैं घनघोर निराशा से भर गया, जब मुझे अहसास हुआ कि मैं शायद अपनी लास वेगास की संपत्ति खो दूँगा। दिवालियापन का खौफ मेरे चेहरे पर नजर आ रहा था। मेरा सारा आत्मविश्वास, जिसका निर्माण एक उदार बुल मार्केट और ब्रीलंड के साथ मेरी पहली त्वरित सफलता ने किया था, मुझे छोड़ चुका था। सबकुछ गलत साबित हुआ था। जुआ, टिप्स, सूचना, शोध, जाँच, जो भी विधि मैंने शेयर बाजार में सफल होने के लिए अपनाई, उसने काम नहीं किया। मैं हताश था। मैं नहीं जानता था कि मुझे क्या करना चाहिए। मुझे लगा कि मैं इसे जारी नहीं रख सकता।

फिर भी मुझे जारी रखना था। मुझे अपनी संपत्ति बचानी थी। मुझे अपने नुकसान की भरपाई करने का रास्ता खोजना था।

हर दिन घंटों तक मैंने स्टॉक तालिका का अध्ययन किया, पागलों की तरह, ताकि कोई समाधान मिल जाए। कोठरी में बंद एक दोषी व्यक्ति की तरह मैं सभी सक्रिय शेयरों को देख रहा था, यह सोचकर कि शायद मुझे बचने का कोई रास्ता मिल जाए।

अंत में, मेरी नजर में कुछ आया। यह एक ऐसा स्टॉक था, जिसके बारे में मैंने कभी नहीं सुना था और जिसका नाम टेक्सस गल्फ प्रोड्यूसिंग था। यह ऊपर जाता प्रतीत हो रहा था। मैं इसकी बुनियादी बातों के बारे में कुछ नहीं जानता था और इसके बारे में कोई अफवाह नहीं सुनी थी। मुझे केवल इतना पता था कि यह दिन-प्रतिदिन बढ़ता जा रहा है। क्या यह मेरा उद्धार करेगा? मैं नहीं जानता था, लेकिन मुझे कोशिश करनी थी। आशा से अधिक निराशा में, अपने नुकसान को फिर से भरने के लिए एक अंतिम जंगली प्रयास के रूप में, मैंने 37⅛ और 37½ के बीच की कीमतों पर 1,000 शेयर खरीदने का आदेश दिया। कुल लागत $37,586.26 थी।

मैं साँस रोककर उत्सुकता से उसकी निरंतर वृद्धि देख रहा था। जब उसने 40 को छुआ, तो मेरे मन में उसे बेचने का एक आकर्षक प्रलोभन आया। लेकिन मैं रुका रहा। मेरे स्टॉक मार्केट कॅरियर में पहली बार मैंने त्वरित लाभ लेने से इनकार कर दिया। मुझमें हिम्मत नहीं थी—मुझे $9,000 का वह नुकसान पूरा करना था।

मैं अपने ब्रोकर को हर घंटे, कभी-कभी हर पंद्रह मिनट में फोन करता था। मैं सचमुच अपने स्टॉक के साथ जी रहा था। मैं उसकी हर गतिविधि, हर उतार-चढ़ाव पर नजर रख रहा था। मैं उसे इस तरह देख रहा था, जैसे चिंतित माता-पिता अपने नए जनमे बच्चे पर नजर रखते हैं।

पाँच हफ्तों तक मैंने उसे अपने पास रखा और हर समय उसे उद्विग्नता से देखता रहा।

फिर एक दिन, जब यह 43¼ पर खड़ा था, तो मैंने तय किया कि मैं अपनी किस्मत को और नहीं खींचूँगा। मैंने उसे बेच दिया और $42,840.43 प्राप्त किए। मुझे अपने $9,000 वापस नहीं मिले थे, लेकिन मैंने उसका आधे से ज्यादा वापस पा लिया था।

जब मैंने टेक्सस गल्फ प्रोड्यूसिंग बेचा तो मुझे लगा, जैसे मैंने एक लंबी, गंभीर बीमारी में आए संकट को पार कर लिया है। मैं थका हुआ, खाली, चुका हुआ था। और फिर भी, इन सबके बीच एक रोशनी की चमक दिखाई देने लगी थी। यह एक प्रश्न के रूप में आई थी।

मैंने खुद से पूछा, कंपनी की रिपोर्टों की जाँच करने का, उद्योग के दृष्टिकोण का अध्ययन करने का, रेटिंग का, मूल्य-कमाई अनुपात का क्या महत्त्व था? जिस स्टॉक ने मुझे आपदा से बचाया, वो वह था, जिसके बारे में मुझे कुछ भी पता नहीं था। मैंने उसे केवल एक कारण के लिए चुना था—वह ऊपर जाता प्रतीत हो रहा था।

क्या जवाब यही था? हो सकता था।

इसीलिए जॉन्स ऐंड लाफलिन के साथ दुर्भाग्यपूर्ण अनुभव का अपना महत्त्व था। वह बेकार नहीं गया। वह मुझे मेरे सिद्धांत की चमक की ओर ले गया।

□

तकनीशियन

4

बॉक्स सिद्धांत का विकास

जॉन्स ऐंड लाफलिन के साथ मेरे भयावह अनुभव और टेक्सस गल्फ प्रोड्यूसिंग के साथ मेरे अधिक भाग्यशाली अनुभव के बाद, मैं अपनी स्थिति का आकलन करने के लिए बैठा। अब तक मैं बाजार से इतना डर चुका था और इतनी चोट खा चुका था कि मुझे समझ में आ गया था कि मुझे शेयर बाजार को एक रहस्यमय मशीन की तरह नहीं मानना चाहिए, जिसमें से अगर मैं भाग्यशाली होता, तो स्लॉट मशीन में जैकपॉट की तरह संपत्ति निकाली जा सकती थी। मैं समझ गया था कि यद्यपि जीवन में हर क्षेत्र में संभावना का एक तत्त्व होता है, मैं अपने कार्यों का आधार भाग्य को नहीं बना सकता था। मैं एक बार भाग्यशाली हो सकता था, शायद दो बार भी, लेकिन लगातार नहीं।

नहीं, यह मेरे लिए नहीं था। मुझे ज्ञान पर भरोसा करना चाहिए। मुझे सीखना चाहिए कि बाजार में कैसे काम किया जाता है। क्या मैं नियमों को जाने बिना ब्रिज में जीत सकता था ? या एक शतरंज के खेल में बिना यह जाने कि मेरे प्रतिद्वंद्वी की चालों का जवाब कैसे देना है ? उसी तरह, मैं व्यापार करना सीखे बिना बाजार में सफल होने की उम्मीद कैसे कर सकता हूँ ? मैं पैसे के लिए खेल रहा था और बाजार में खेल सबसे उत्सुक विशेषज्ञों के खिलाफ था। मैं खेल के मूल सिद्धांतों को सीखे बिना उनके खिलाफ खेलकर जीतने की उम्मीद नहीं कर सकता था।

और इस प्रकार मैंने शुरुआत की। पहले मैंने अपने पिछले अनुभवों की जाँच की। एक तरफ, मौलिक दृष्टिकोण का उपयोग करते हुए, मैं गलत था। दूसरी ओर, तकनीकी दृष्टिकोण का उपयोग करते हुए, मैं सही था। स्पष्ट रूप से सबसे अच्छा तरीका यह था कि मैं उस सफल दृष्टिकोण को दोहराने की

कोशिश करूँ, जिसका मैंने टेक्सस गल्फ प्रोड्यूसिंग के साथ उपयोग किया था।

यह आसान नहीं था। मैं हर शाम घंटों तक अपने स्टॉक टेबल के साथ बैठकर इस तरह का दूसरा स्टॉक खोजने की कोशिश करता रहता था। फिर एक दिन मेरा ध्यान एम ऐंड एम वुड वर्किंग नामक एक स्टॉक पर गया। कोई भी वित्तीय सूचना सेवा मुझे इसके बारे में ज्यादा कुछ नहीं बता पाई। मेरे दलाल ने इसके बारे में कभी नहीं सुना था। फिर भी मैं लगातार दिलचस्पी लेता रहा, क्योंकि इसकी दैनिक गतिविधि मुझे टेक्सस गल्फ प्रोड्यूसिंग की याद दिला रही थी। मैं उस पर सावधानी से नजर रखने लगा।

दिसंबर 1955 में स्टॉक साल के अंत में, लगभग 15 से 23⅝ तक बढ़ गया। पाँच सप्ताह के अंतराल के बाद इसकी व्यापारिक मात्रा में वृद्धि हुई और इसकी कीमत फिर से बढ़नी शुरू हो गई। मैंने 26⅝ पर 500 शेयर खरीदने का फैसला किया। यह निरंतर बढ़ता रहा और मैं इसकी गतिविधि को गौर से देखते हुए रुका रहा। यह ऊपर की ओर बढ़ता रहा और इसकी ट्रेडिंग की मात्रा लगातार उच्च बनी रही। जब यह 33 तक पहुँच गया, तो मैंने इसे बेच दिया और $2,866.62 का मुनाफा कमाया।

मैं खुश और उत्साहित था—पैसे की वजह से उतना नहीं, बल्कि इसलिए कि मैंने टेक्सस गल्फ प्रोड्यूसिंग की तरह एम ऐंड एम वुड वर्किंग भी शुद्ध रूप से बाजार में उसकी गतिविधि के आधार पर खरीदा था। मैं इसके बारे में कुछ नहीं जानता था और न ही मैं कुछ पता लगा सका। फिर भी मैंने इसके निरंतर चढ़ने और उच्च मात्रा से यह मान लिया कि कुछ लोग इसके बारे में मुझसे बहुत अधिक जानते थे।

यह सही साबित हुआ। इसे बेचने के बाद मुझे अखबार से पता चला कि लगातार वृद्धि एक विलय के कारण हुई थी, जिस पर गुप्त रूप से बातचीत चल रही थी। अंतत: यह पता चला कि एक अन्य कंपनी ने $35 प्रति शेयर पर एम ऐंड एम वुड वर्किंग को खरीदने की योजना बनाई थी और इस प्रस्ताव को स्वीकार कर लिया गया था। इसका मतलब यह भी था कि यद्यपि मैं परदे के पीछे के सौदे के बारे में पूरी तरह से अनभिज्ञ था, मैंने अपने शेयर उच्च से केवल दो अंक नीचे बेचे थे। मैं यह महसूस करके खुद पर मोहित हो गया कि

मेरी खरीद ने, जो शुद्ध रूप से स्टॉक के व्यवहार पर आधारित थी, मुझे एक प्रस्तावित विलय से लाभान्वित होने में सक्षम किया, उसके बारे में कुछ भी जाने बिना। मैं वास्तव में एक अंदर का व्यक्ति हुए बिना भी एक अंदरूनी सूत्र था।

इस अनुभव ने किसी और चीज से अधिक मुझे आश्वस्त किया कि बाजार की ओर एक विशुद्ध रूप से तकनीकी दृष्टिकोण अच्छा था। इसका मतलब था कि अगर मैं मूल्य कारवाई और मात्रा का अध्ययन करता हूँ, तो अन्य सभी कारकों को अलग रखते हुए, मुझे सकारात्मक परिणाम मिल सकते हैं।

मैं अब इस दृष्टिकोण से काम करने की कोशिश करने लगा। मैं मूल्य और मात्रा के एक करीबी अध्ययन पर ध्यान केंद्रित करने लगा और सभी अफवाहों, सुझावों या मूलभूत जानकारी को नजरअंदाज करने की कोशिश करने लगा। मैंने तय किया कि मैं एक स्टॉक के ऊपर चढ़ने के पीछे के कारणों से खुद को चिंतित नहीं होने दूँगा। मैंने अनुमान लगाया कि अगर किसी कंपनी के जीवन में बेहतर के लिए कुछ मूलभूत बदलाव होते हैं, तो यह जल्द ही उसके स्टॉक की बढ़ती कीमत और मात्रा में दिखाई दे जाता है, क्योंकि कई लोग इसे खरीदने के लिए उत्सुक होते हैं। अगर मैं अपनी दृष्टि को इस ऊर्ध्वगामी बदलाव को उसकी शुरुआती अवस्था में देख लेने के लिए प्रशिक्षित कर सकता हूँ, जैसा कि एम ऐंड एम वुड वर्किंग के मामले में था, तो मैं स्टॉक के ऊपर जाने के कारण को जाने बिना भी उसमें भाग ले सकता हूँ।

समस्या यह थी—इस परिवर्तन का पता कैसे लगाया जाए? बहुत सोचने के बाद मुझे एक मानदंड मिला, वह था—लोगों के साथ स्टॉक की तुलना करना।

मैंने इस पर इस तरह से काम करना शुरू किया—यदि एक तूफानी सौंदर्य की मलिका एक मेज पर चढ़ जाती है और एक जंगली नृत्य करती है, तो कोई भी विशेष रूप से चकित नहीं होगा। इस तरह के विशिष्ट व्यवहार की लोग उससे उम्मीद करने लगे हैं। लेकिन अगर कोई गरिमापूर्ण मैट्रन अचानक ही ऐसा करने लगे, तो यह असामान्य होगा और लोग तुरंत कहेंगे, "यहाँ कुछ अजीब है—कुछ हुआ है।"

इसी तरह, मैंने फैसला किया कि अगर आमतौर पर निष्क्रिय स्टॉक

अचानक सक्रिय हो जाता है तो मैं इस असामान्य पर विचार करूँगा और अगर उसकी कीमत में भी बढ़त हुई है तो मैं उसे खरीद लूँगा। मैं मान लूँगा कि कहीं-न-कहीं इस सामान्य से बाहर गतिविधि के पीछे एक समूह था, जिसके पास कुछ अच्छी जानकारी थी। शेयर खरीदकर मैं उनका मूक साथी बन जाऊँगा।

मैंने इस नीति से काम करने की कोशिश की। कभी-कभी मैं सफल होता था, कभी-कभी नहीं। मैं जो समझ नहीं पा रहा था, वह यह था कि मेरी आँखें अभी तक पर्याप्त रूप से प्रशिक्षित नहीं थीं और ठीक उसी समय जब मुझे विश्वास होने लगा कि मैं अपने सिद्धांत पर काम कर सकता हूँ, मेरी आँखें बहुत रूखाई से खुलनेवाली थीं।

मई 1956 में मेरी नजर पिट्सबर्ग मेटलर्जिकल नामक एक स्टॉक पर पड़ी, जिसका भाव उस समय 67 था। यह एक तेजी से बढ़नेवाला, गतिशील स्टॉक था और मुझे लगा कि इसका तेजी से बढ़ना जारी रहेगा। जब मैंने इसकी बढ़ी हुई गतिविधि देखी, तो मैंने $13,483.40 की कुल लागत पर 200 शेयर खरीद लिये।

मुझे अपने निर्णय पर इतना विश्वास था कि मैंने पूरी सावधानी किनारे कर दी और जब स्टॉक—मेरी उम्मीद के विपरीत—कमजोर पड़ने लगा, तो मुझे लगा कि यह सिर्फ एक छोटी सी प्रतिक्रिया थी। मुझे विश्वास था कि थोड़ी सी गिरावट के बाद यह एक बार फिर ऊपर जाना शुरू कर देगा। उसने जाना शुरू तो किया, लेकिन गलत दिशा में। दस दिन बाद पिट्सबर्ग मेटलर्जिकल 57¾ पर आ गया। मैंने उसे बेच दिया। मेरा नुकसान $2,023.32 था।

स्पष्ट रूप से कुछ तो गलत था। हर चीज साफ-साफ उस समय बाजार में सर्वश्रेष्ठ स्टॉक के रूप में उसी स्टॉक को इंगित कर रही थी और फिर भी, जैसे ही मैंने उसे खरीदा, उसका मूल्य नीचे गिर गया। और इससे अधिक मोहभंग करनेवाली बात यह थी कि जैसे ही मैंने उसे बेचा, वह ऊपर चढ़ने लगा।

स्पष्टीकरण खोजने की कोशिश करते हुए, मैंने स्टॉक की पिछली गतिविधियों की जाँच की और पाया कि मैंने उसे 18 अंक की वृद्धि के शीर्ष पर खरीदा था। यह उतना ही था, जितना स्टॉक उस समय के लिए बढ़ सकता था। लगभग उसी बिंदु पर, जबकि मैंने उसमें पैसा लगाया, उसने नीचे की ओर जाना शुरू कर दिया। यह स्पष्ट था कि मैंने सही स्टॉक गलत समय पर खरीदा था।

पीछे मुड़कर मैं यह बहुत स्पष्ट रूप से देख सकता था। मैं देख सकता था कि स्टॉक ने जैसा प्रदर्शन किया था, वैसा क्यों किया था। हालाँकि प्रश्न यह था—जिस समय वह होती है, उस समय किसी गतिविधि का आकलन कैसे किया जाए?

यह एक सरल, सीधी समस्या थी, लेकिन अपनी व्यापकता में यह जटिल थी। मुझे पहले से ही पता था कि बुक सिस्टम मदद नहीं करते थे, बैलेंस शीट बेकार होती थी, जानकारी संदिग्ध और गलत होती थी।

एक तिनके का सहारा लेते हुए, मैंने व्यक्तिगत स्टॉक गतिविधियों का एक व्यापक अध्ययन करने का निर्णय लिया। वे कैसे कार्य करते हैं? उनके व्यवहार की विशेषताएँ क्या होती हैं? क्या उनके उतार-चढ़ाव में कोई पैटर्न होता है?

मैंने किताबें पढ़ीं, मैंने स्टॉक टेबल देखे, मैंने सैकड़ों चाट्र्स का निरीक्षण किया। उनका अध्ययन करते हुए मैंने स्टॉक गतिविधियों के बारे में ऐसी चीजें सीखनी शुरू कर दीं, जो मैंने पहले नहीं देखी थीं। मुझे समझ में आने लगा कि स्टॉक गतिविधियाँ पूरी तरह से बेतरतीब नहीं होती थी। स्टॉक गुब्बारों की तरह किसी भी दिशा में नहीं उड़ते हैं। जैसे कि वे एक चुंबक द्वारा आकर्षित हों, उनके पास एक निश्चित ऊपर या नीचे की ओर जाने की प्रवृत्ति होती है, जो एक बार स्थापित होने के बाद जारी रहती है। इस प्रवृत्ति के भीतर शेयर फ्रेमों की एक श्रृंखला में या जिन्हें मैंने 'बक्से' कहना शुरू कर दिया था, चलते थे।

वे एक निचले और एक उच्च बिंदु के बीच काफी निरंतरता से दोलन करते थे। जो क्षेत्र इस ऊपर-नीचे की गतिविधि को संलग्न करता था, वह बॉक्स या फ्रेम का प्रतिनिधित्व करता था। ये बक्से मेरे लिए बहुत स्पष्ट रूप से मौजूद रहने लगे।

यह मेरे बॉक्स सिद्धांत की शुरुआत थी, जो मुझे एक समृद्धि की ओर ले जानेवाली थी।

मैंने अपने सिद्धांत को इस तरह लागू किया—जब एक स्टॉक के बक्से, जिसमें मुझे दिलचस्पी होती थी, एक पिरामिड की तरह एक-दूसरे के ऊपर खड़े रहते थे और मेरा स्टॉक उच्चतम बॉक्स में होता था, तो मैं उस पर नजर रखना शुरू कर देता था। वह बॉक्स के शीर्ष और तल के बीच उछल सकता था और

मैं पूरी तरह से संतुष्ट था। एक बार जब मैं बॉक्स के आयामों पर निर्णय ले लेता था, तो स्टॉक जो चाहता था, वह कर सकता था, लेकिन केवल उस फ्रेम के भीतर। वास्तव में, अगर यह उस बॉक्स के अंदर ऊपर-नीचे उछलता नहीं था, तो मुझे चिंता होती थी। कोई उछल-कूद नहीं, कोई गतिविधि नहीं, मतलब वह कोई जीवंत स्टॉक नहीं था। और अगर वह एक जीवंत स्टॉक नहीं था, तो मुझे उसमें कोई दिलचस्पी नहीं थी, क्योंकि इसका मतलब था कि शायद वह गतिशील रूप से नहीं बढ़ेगा।

उदाहरण के लिए एक स्टॉक लीजिए, जो 45/50 बॉक्स के भीतर था। वह उन आँकड़ों के बीच जितनी बार चाहे उछल सकता था और मैं फिर भी उसे खरीदने पर विचार करता। यदि, हालाँकि यह 44½ तक गिर जाता था, तो मैं उसे एक संभावना के रूप में समाप्त कर देता।

क्यों ? क्योंकि 45 से नीचे किसी भी चीज का मतलब यह था कि यह एक निचले बॉक्स में गिर रही थी और यह बिल्कुल गलत था—मैं उसे तभी चाहता था, जब यह एक उच्च बॉक्स में चल रहा हो।

मैंने पाया कि एक स्टॉक कभी-कभी एक बॉक्स में हफ्तों तक रहता था। मुझे इस बात की परवाह नहीं थी कि वह अपने बॉक्स में कितनी देर तक रुकता था, जब तक वह रुका रहता था, निचले फ्रेम के आँकड़े से नीचे नहीं गिरता था।

उदाहरण के लिए, मैंने ध्यान दिया कि जब कोई स्टॉक 45/50 बॉक्स में होता है, तो वह इस तरह से पढ़ा जा सकता है—

45 – 47 – 49 – 50 – 45 – 47

इसका मतलब था कि 50 के उच्च स्तर पर पहुँचने के बाद, वह 45 पर एक निचले को प्रतिक्रिया दे सकता है और फिर हर दिन 46 या 47 पर बंद हो सकता है और मैं काफी खुश था। वह अभी भी अपने बॉक्स के भीतर था। लेकिन बेशक, मैं जिस गतिविधि पर लगातार नजर रख रहा था, वह अगले बॉक्स की ओर एक ऊर्ध्वगामी धक्का था। यदि ऐसा होता, तो मैं स्टॉक खरीद लेता था।

मुझे कोई निश्चित नियम नहीं मिला कि यह कैसे होता है। इस पर बस ध्यान देना होता है और त्वरित काररवाई करनी होती है। कुछ अस्थिर, उत्सुक स्टॉक कुछ घंटों के भीतर दूसरे बॉक्स में चले जाते थे। दूसरों को कई दिन लग

जाते। यदि स्टॉक सही तरीके से काम करता था, तो वह अपने 45/50 बॉक्स से दूसरे, ऊपरी बॉक्स में धकेलना शुरू कर देता था। तब उसकी गतिविधि कुछ इस तरह पढ़ने में आती थी—

48 – 52 – 50 – 55 – 51 – 50 – 53 – 52

अब यह स्पष्ट रूप से खुद को अपने अगले बॉक्स में स्थापित कर रहा था—50/55 बॉक्स में। इस पर मुझे गलत न समझें। ये केवल उदाहरण हैं। मुझे जो तय करना था, वह बॉक्स की सीमा थी। यह निश्चित रूप से विभिन्न शेयरों के साथ अलग-अलग होती थी। उदाहरण के लिए, कुछ स्टॉक बहुत छोटे फ्रेम में घूमते थे, शायद प्रत्येक ओर 10 प्रतिशत से अधिक नहीं। अन्य विस्तृत रूप से झूलनेवाले स्टॉक 15 प्रतिशत और 20 प्रतिशत के बीच के फ्रेम में घूमते थे। कार्य फ्रेम को सटीक रूप से परिभाषित करना और यह सुनिश्चित करना था कि स्टॉक बॉक्स के निचले किनारे से निर्णायक रूप से नीचे नहीं गया था। अगर ऐसा होता था, तो मैं उसे तुरंत बेच देता था, क्योंकि वह सही व्यवहार नहीं कर रहा था।

जब वह अपने बॉक्स के भीतर रहता, मैं 55 से 50 तक की प्रतिक्रिया को काफी सामान्य मानता था। मेरे लिए इसका मतलब यह नहीं था कि स्टॉक वापस गिरनेवाला था, बल्कि ठीक इसके विपरीत।

एक नर्तक हवा में छलाँग लगाने से पहले खुद को उछाल के लिए तैयार करने के लिए एक क्राउच (झुकने की स्थिति) में जाता है। मैंने पाया कि शेयरों के साथ भी ऐसा ही था। वे आमतौर पर 50 से 70 तक अचानक नहीं उछलते थे। दूसरे शब्दों में, मैंने विचार किया कि ऊर्ध्वगामी प्रवृत्ति में एक स्टॉक, जो 50 तक पहुँचने के बाद 45 पर प्रतिक्रिया करता है, वह क्राउच कर रहे नर्तक की तरह होता था, उछलने के लिए तैयार।

बाद में, जब मुझे अधिक अनुभव हुआ तो मैंने यह भी जान लिया कि 50 उच्च अंक के बाद एक शेयर में यह 45 स्थिति का एक और महत्त्वपूर्ण लाभ है। यह कमजोर और भयभीत स्टॉकहोल्डर को बाहर कर देता है, जो इस प्रतिक्रिया को उसका लुढ़कना समझने की गलती करते हैं और स्टॉक को अधिक तेजी से आगे बढ़ने में सक्षम बनाता है।

मैंने यह भी देखा कि जब कोई स्टॉक एक निश्चित ऊर्ध्वगामी प्रवृत्ति में

चल रहा होता था, तो उसके आगे बढ़ने में एक अनुपात की भावना होती थी। यदि वह अपने रास्ते पर होता था, मान लीजिए, 50 से 70 पर उठते हुए, लेकिन कभी-कभी नीचे लुढ़कते हुए, तो वह सब सही ताल का हिस्सा होता था।

यह इस तरह से हो सकता था—

50 – 52 – 57 – 58 – 60 – 55 – 52 – 56

इसका मतलब यह 52/60 बॉक्स में था।

इसके बाद, ऊपर की ओर उछलने पर यह ऐसा हो सकता था—

58 – 61 – 66 – 70 – 66 – 63 – 66

इसका मतलब यह 63/70 बॉक्स के अंदर था। मैंने यह भी माना कि यह अभी भी उच्च क्षेत्रों की ओर बढ़ रहा था।

प्रमुख समस्या अभी भी बनी हुई थी; उसमें खरीदने का सही समय क्या था? तार्किक रूप से, यह वह पल था, जब वह एक नए उच्च बॉक्स में प्रवेश करता। यह काफी आसान लग रहा था, जब तक कि ल्युसिआना लैंड ऐंड एक्सप्लोरेशन के मामले ने यह साबित नहीं कर दिया कि यह आसान नहीं था।

कई हफ्तों तक मैंने इस स्टॉक के व्यवहार पर नजर रखी और इसे इसके पिरामिड बॉक्स बनाते देखा। जब इसके अंतिम बॉक्स का ऊपरी फ्रेम 59¾ था, तो मुझे लगा कि मैंने इसका सही आकलन किया था। मैंने ब्रोकर से कहा कि जब यह 61 पर आ जाए, जिसे मैं उसके नए बॉक्स का द्वार मान रहा था, तो वह मुझे टेलीफोन करे। उसने किया, लेकिन कॉल आने के समय मैं अपने होटल के कमरे में नहीं था। उसे मुझ तक पहुँचने में दो घंटे लग गए। जब तक ऐसा हुआ, तब तक स्टॉक 63 पर आ गया था। मैं निराश हो गया। मुझे लगा कि मैं एक महान् अवसर से वंचित रह गया हूँ।

जिस तरह यह 61 पर मेरे हाथ से निकल गया, मुझे गुस्सा आ रहा था और जब इतने कम समय में यह 63 पर आ गया, तो मुझे यकीन हो गया कि मैं एक बहुत अच्छी चीज से चूक गया था। मेरे उत्साह में सही तर्क मेरा साथ छोड़ देता था। मैंने अपने उत्साह में इस शेयर के लिए कोई भी कीमत अदा कर दी होती। मुझे बस एक स्टॉक में प्रवेश करना था, जो मुझे लगता कि शानदार कीमत पर जा रहा था।

वह ऊपर चला गया—63½—64½—65। मैं सही था। मैंने इसे सही ढंग से आँका था और मैं खुद इससे चूक गया था! मैं अब और इंतजार नहीं कर सकता था। मैंने 65 के मूल्य पर 100 शेयर खरीद लिये—उसके नए बॉक्स के शीर्ष पर—क्योंकि मैं ताल पर उसे पार करने से चूक गया था।

हालाँकि मैं अपने चयन और पद्धति में सुधार कर रहा था, फिर भी मैं वॉल स्ट्रीट की तकनीक में कुछ हद तक एक बच्चा ही था, इसीलिए मैंने अपनी समस्या दलाल के सामने रखी। हमने 61 अंक वाले टेलीफोन कॉल पर चर्चा की, जो दुर्भाग्य से मुझसे छूट गया था। उसने मुझसे कहा कि मुझे एक ऑटोमैटिक 'ऑन स्टॉप' खरीद ऑर्डर डाल देना चाहिए था। इसका मतलब है कि स्टॉक जब 61 पर चढ़ता तो खरीद लिया जाता। उसने मुझे सुझाव दिया कि जब भी मैं किसी शेयर के बारे में कोई निर्णय लेता हूँ तो मुझे उसको एक नामित आँकड़े पर एक खरीद ऑर्डर में डाल देना चाहिए। तब अगर बाजार इस आँकड़े तक पहुँचता है तो बिना किसी परामर्श के मेरे लिए वह स्टॉक खरीद लिया जाएगा। मैं ऐसा करने के लिए तैयार हो गया।

मुझे जो समय सही लगता था, उस पर स्वचालित रूप से शेयर खरीदने की मेरी समस्या का समाधान हो गया था।

इस समय तक मेरा बॉक्स सिद्धांत और उसे लागू करने का तरीका मेरे दिमाग में दृढ़ता से रोपित हो गया था और लगातार तीन अवसरों पर मैंने उसका सफलतापूर्वक उपयोग किया।

मैंने एलेघनी लुडलुम स्टील खरीदा, जब वह मुझे 45/50 बॉक्स में जाता दिखाई दिया। मैंने 45¾ पर 200 शेयर खरीदे और उन्हें तीन सप्ताह बाद 51 पर बेच दिया।

मैंने ड्रेसर इंडस्ट्रीज के 300 शेयर भी खरीदे, जब वे 84/92 बॉक्स में प्रवेश करते लग रहे थे। मैंने 84 पर खरीदा, लेकिन चूँकि वह बॉक्स के माध्यम से सही प्रगति करता नहीं लग रहा था, मैंने 86½ पर बेच दिया।

फिर मैंने 40/45 बॉक्स के निचले किनारे पर कूपर-बेसेमेर के 300 शेयर 40¾ पर खरीदे और 45½ पर बेच दिए।

इन तीन सौदों में मेरा लाभ $2,442.36 था।

इससे मुझे काफी आत्मविश्वास मिला, लेकिन फिर मुझे चेहरे पर एक थप्पड़ पड़ा, जिसने साबित कर दिया कि मुझे केवल एक सिद्धांत से अधिक की आवश्यकता है। अगस्त में मैंने नॉर्थ अमेरिकन एविएशन के 500 शेयर 94⅜ पर खरीदे थे, क्योंकि मुझे यकीन था कि वह 100 के ऊपर एक नए बॉक्स में खुद को स्थापित करनेवाला था। ऐसा नहीं हुआ। लगभग तुरंत वह पलट गया और नीचे गिरने लगा। मैं इसे बेच सकता था, जब इसने एक अंक खोया। मैं तब भी ऐसा कर सकता था, जब यह एक अंक और नीचे गिरा। लेकिन मैंने इसके विरुद्ध निर्णय लिया और जिद में उसे रोके रखा। मेरे अभिमान ने मुझे कारवाई नहीं करने दी। मेरे सिद्धांत की प्रतिष्ठा दाँव पर थी। मैं बस यह कहता रहा कि यह स्टॉक अब और नीचे नहीं जा सकता। उस समय मुझे यह नहीं पता था, जो मैंने बाद में सीखा कि बाजार में 'नहीं हो सकता' जैसी कोई चीज नहीं होती। कोई भी स्टॉक कुछ भी कर सकता है। अगले सप्ताह के अंत तक, मेरे पिछले तीन सौदों से हुआ लाभ गायब हो गया। मैं वहीं आ गया था, जहाँ से मैंने शुरुआत की थी।

यह अनुभव, जैसा कि मैं इसे देखता हूँ, मेरे स्टॉक मार्केट कॅरियर का एक महत्त्वपूर्ण मोड़ था।

यह इस बिंदु पर था कि मुझे अंततः समझ में आया कि—

1. बाजार में कोई पक्की बात नहीं होती है—मेरा आधे समय गलत होना निश्चित था।
2. मुझे इस तथ्य को स्वीकार करना चाहिए और तदनुसार खुद को बदलना चाहिए—मुझे मेरे अभिमान और अहंकार पर काबू पाना होगा।
3. मुझे एक निष्पक्ष निदानकर्ता बनना चाहिए, जो किसी भी सिद्धांत या स्टॉक से खुद की पहचान नहीं बनाता है।
4. मैं केवल जोखिम नहीं ले सकता। सबसे पहले, मुझे अपने जोखिमों को कम करना होगा, जितना मानवीय रूप से संभव है।

उस दिशा में मैंने जो पहला कदम उठाया, वह उसे अपनाना था, जिसे

मैंने अपना त्वरित नुकसान हथियार कहता था। मैं पहले से ही जानता था कि मैं आधे समय गलत रहूँगा। क्यों न मैं अपनी गलतियों को वास्तविक रूप से स्वीकार कर लूँ और एक छोटे नुकसान में तुरंत बेच दूँ? अगर मैंने 25 पर एक स्टॉक खरीदा है, तो क्यों न उसी समय यह आदेश दे दूँ कि अगर वह 24 से नीचे जाता है तो उसे बेच दिया जाए?

मैंने स्टॉक के नीचे आने की स्थिति में उन पर एक स्वचालित 'स्टॉप लॉस' आदेश के साथ एक निश्चित आँकड़े पर खरीदने के लिए 'ऑन स्टॉप' आदेश देने का फैसला किया। इस तरह मैंने सोचा, मैं कभी भी एक नुकसान के साथ नहीं सोऊँगा। अगर मेरा कोई भी शेयर उस कीमत से नीचे चला जाता है, जिसके नीचे मेरे अनुसार उन्हें नहीं जाना चाहिए था, तो उस रात बिस्तर पर जाने से पहले मैं उनका मालिक नहीं रहूँगा। मैं जानता था कि कई बार मुझे एक अंक की खातिर 'स्टॉप आउट' या बंद कर दिया जाएगा, केवल उस स्टॉक को तुरंत बाद चढ़ता हुआ देखने के लिए। लेकिन मैंने महसूस किया कि यह इतना महत्त्वपूर्ण नहीं था, जितना कि बड़े नुकसानों को रोकना। इसके अलावा, मैं हमेशा स्टॉक को दोबारा खरीद सकता था—एक बढ़ी हुई कीमत देकर।

फिर मैंने दूसरा उतना ही महत्त्वपूर्ण कदम उठाया।

मैं जानता था कि आधे समय सही होना सफलता का जवाब नहीं है। मुझे समझ में आने लगा कि लाभ-अलाभ की स्थिति होने पर भी मैं दिवालिया कैसे हो सकता हूँ। अगर मैंने $10,000 का निवेश किया और मैंने मध्यम मूल्यवाले स्टॉक में संचालन किया, तो प्रत्येक सौदे में मुझे कमीशन में लगभग $125 हर बार शेयर खरीदने पर और $125 हर बार शेयर बेचने पर खर्च करने होंगे।

मान लेते हैं कि मैं आधे समय सही था। एक सौदे में $250 के हिसाब से मुझे केवल 40 बार वास्तविक नुकसान उठाए बिना व्यापार करना पड़ा और मैंने अपनी पूँजी खो दी थी। वह कमीशनों द्वारा पूरी तरह बहा दी जाएगी। इसी प्रकार कमीशन के चूहे प्रत्येक ऑपरेशन में कुतरने का काम करेंगे और अंत में मेरे सारे पैसे खा जाएँगे—

खरीदे	\$20 पर 500 शेयर	
भुगतान किया (कमीशन सहित)		\$10,121.00
	\$20 पर 500 शेयर बेचे	
प्राप्त किया (कमीशन काटकर)		\$9,875.00
नुकसान		\$250.00
\$250 पर 40 सौदे = \$10,000		

इस खतरे का केवल एक ही जवाब था—मेरा मुनाफा मेरे नुकसान से बड़ा होना चाहिए था।

मैंने अनुभव से सीखा था कि मेरी सबसे कठिन समस्या थी, खुद को एक चढ़ते हुए स्टॉक को बहुत जल्दबाजी में न बेचने के लिए अनुशासित करना। मैं हमेशा बहुत जल्दी बेच देता था, क्योंकि मैं एक कायर हूँ। जब भी मैं 25 पर एक शेयर खरीदता था और वह 30 तक चढ़ जाता था, तो मैं यह सोचकर इतना चिंतित हो जाता था कि वह वापस नीचे जा सकता है कि मैं उसे बेच देता था। मैं जानता था कि क्या करना सही होगा, लेकिन मैं निरपवाद रूप से उसका विपरीत करता था।

मैंने फैसला किया कि चूँकि मैं खुद को हर बार न डरने के लिए प्रशिक्षित नहीं कर सकता था, इसीलिए कोई और तरीका अपनाना बेहतर होगा। यह था—एक चढ़ते हुए शेयर को रोककर रखना, लेकिन इसके साथ ही उसकी वृद्धि के समानांतर अपने स्टॉप लॉस आदेश को बढ़ाते रहना। मैं उसे इतनी दूरी पर रखूँगा कि मूल्य में एक निरर्थक उछाल उसे छू नहीं पाएगी। यदि, हालाँकि स्टॉक वास्तव में पलटकर गिरने लगता है तो उसे तुरंत बेच दिया जाएगा। इस तरह से बाजार कभी भी मेरे लाभ के एक छोटे अंश से अधिक प्राप्त नहीं कर सकेगा।

और यह कैसे निर्धारित करें कि मुनाफा कब लेना है?

मैं समझ गया कि मैं शीर्ष पर नहीं बेच पाऊँगा। जो कोई भी दावा करता है कि वह लगातार ऐसा कर सकता है, वह झूठ बोल रहा है। अगर मैं स्टॉक के ऊपर चढ़ते समय बेचता हूँ, तो यह शुद्ध अनुमान होगा, क्योंकि मैं नहीं जान सकता था कि यह बढ़त कितनी दूर ले जा सकती है। यह इस बात का अनुमान लगाने से अधिक चतुर अनुमान नहीं होगा कि 'माई फेयर लेडी' 200 प्रदर्शनों के बाद अपने शो समाप्त कर देगी। आप यह अनुमान भी लगा सकते हैं कि वह 300 या 400 प्रदर्शनों के बाद बंद होगा। वह इन आँकड़ों में से किसी पर क्यों नहीं बंद हुआ? क्योंकि निर्माता मूर्ख ही होगा, अगर वह हर रात थिएटर को भरा हुआ देखने के बाद भी शो को बंद करता है। जब वह हॉल में खाली सीटें देखने लगता है, केवल तभी वह शो को बंद करने पर विचार करता है।

मैं ब्रॉडवे की तुलना को बिक्री की समस्या तक ले गया। जब तक एक शेयर ऊपर चढ़ता रहता है, उसे बेचना मेरी मूर्खता होगी। तब उसे कब बेचना चाहिए? क्यों, जब बक्से उलटे चलने लगें तब! जब पिरामिड नीचे की ओर लुढ़कना शुरू हो जाएँ, तब शो को बंद करने और बेचने का समय था। मेरे अनुगामी स्टॉप लॉस को, जिसे मैंने स्टॉक की बढ़ती कीमत के पीछे लगाया हुआ था, इस बात का ध्यान रखना चाहिए।

यह निर्णय लेने के बाद मैंने शांति से बैठकर शेयर बाजार में अपने उद्देश्यों को फिर से परिभाषित किया—

1. सही स्टॉक
2. सही समय
3. छोटे नुकसान
4. बड़ा मुनाफा

मैंने अपने हथियारों की जाँच की—

1. मूल्य और मात्रा
2. बॉक्स सिद्धांत
3. स्वचालित खरीद–आदेश
4. स्टॉप लॉस बिक्री–आदेश

अपनी मूल रणनीति के संबंध में मैंने फैसला किया कि मैं हमेशा ऐसा करूँगा—मैं बस एक ऊर्ध्वगामी प्रवृत्ति के साथ दौड़ता रहूँगा और अपने स्टॉप लॉस इंश्योरेंस को पीछे चलता रखूँगा। जब प्रवृत्ति जारी रहेगी, मैं और अधिक खरीदूँगा। और जब प्रवृत्ति पलट जाएगी, मैं चोर की तरह भाग जाऊँगा।

मैंने महसूस किया कि वहाँ बहुत सारे रोड़े थे। काररवाई में बहुत सारा अनुमान लगाना निश्चित था। मेरा अनुमान कि मैं आधे समय सही रहूँगा, आशावादी हो सकता था। लेकिन आखिरकार मैं अपनी समस्या को पहले से कहीं ज्यादा स्पष्ट रूप से देख रहा था। मुझे पता था कि मुझे शेयरों के प्रति एक रूखा, भावहीन रवैया अपनाना होगा कि जब वे ऊपर जाएँ तो मुझे उनके प्रेम में नहीं पड़ना है और जब वे नीचे लुढ़कें तो उन पर क्रोध नहीं करना है; अच्छे या बुरे स्टॉक जैसे कोई जानवर नहीं होते हैं। केवल चढ़ते और गिरते स्टॉक होते हैं—और मुझे चढ़ते हुए स्टॉक को पकड़कर रखना चाहिए और गिरते हुए को बेच देना चाहिए।

मुझे पता था कि ऐसा करने के लिए मुझे पहले की किसी चीज की तुलना में बहुत अधिक कठिन कुछ हासिल करना था। मुझे अपनी भावनाओं—भय, आशा और लालच—को पूर्ण नियंत्रण में लाना था। मुझे कोई संदेह नहीं था कि इसके लिए बड़ी मात्रा में आत्म-अनुशासन की आवश्यकता होगी, लेकिन मैं एक ऐसे आदमी की तरह महसूस कर रहा था, जो जानता था कि कमरे को रोशन किया जा सकता था और वह स्विच टटोल रहा था।

□

5

दुनिया भर में टेलीग्राम

लगभग उसी समय जब मैंने अपने नए सिद्धांतों को ध्यान में रखते हुए काम करना शुरू किया, मैंने अपने नृत्य प्रदर्शन के साथ दुनिया के दो साल के दौरे के लिए साइन किया। तुरंत ही मुझे कई समस्याओं का सामना करना पड़ा। उदाहरण के लिए, मैं दुनिया के दूसरे छोर पर होते हुए व्यापार कैसे जारी रख सकता था? और तुरंत और बहुत स्पष्ट रूप से मेरे दिमाग के सामने वह अवसर आ गया, जब मेरे ब्रोकर ने मुझे टेलीफोन किया था और मैं उस कॉल से चूक गया था। यदि न्यूयॉर्क में ऐसा हो सकता था, तो जब मैं हजारों मील दूर रहते हुए इस तरह की कठिनाई को कैसे दूर कर सकता था? मैंने उसके साथ चर्चा की और हमने फैसला किया कि हम टेलीग्राम के माध्यम से एक-दूसरे के संपर्क में रह सकते हैं।

हमने एक उपकरण पर भी निर्णय लिया—यह 'बैरन्स' था, एक साप्ताहिक वित्तीय प्रकाशन, जिसे हमने प्रकाशित होते ही मेरे पास एयरमेल करने की व्यवस्था की थी। यह मुझे ऐसे स्टॉक दिखाएगा, जो ऊपर जा रहे हो सकते हैं। इसके साथ ही एक दैनिक टेलीग्राम मेरे स्वामित्ववाले शेयरों को कोट करेगा। कश्मीर और नेपाल जैसे दूर-दराज के स्थानों में भी, जहाँ मैंने दौरे के दौरान प्रदर्शन किया, दैनिक टेलीग्राम विधिवत् रूप से आता था। उसमें मेरे शेयरों के वॉल स्ट्रीट समापन मूल्य दिए होते थे।

समय और पैसा बचाने के लिए, मैंने न्यूयॉर्क में अपने ब्रोकर के साथ एक विशेष कोड बनाया था। मेरे टेलीग्रामों में केवल स्टॉक को दरशाते हुए अक्षरों की एक स्ट्रिंग शामिल थी और प्रत्येक के पीछे स्पष्ट रूप से अर्थहीन संख्याओं की एक शृंखला होती थी। वे कुछ इस तरह दिखते थे—

B 32¼ L 57 U 89½ A 120½ F 132¼

मुझे यह पता लगाने में कुछ ही दिन लगे कि ये कोटेशन मेरे लिए मेरे शेयरों की गतिविधियों पर ठीक से नजर रखने के लिए अपर्याप्त थे। मैं उनकी चाल की ऊपरी और निचली सीमा को जाने बिना अपने बक्सों का निर्माण करने में असमर्थ था। मैंने न्यूयॉर्क कॉल किया और अपने ब्रोकर को प्रत्येक समापन मूल्य में स्टॉक के मूल्य में दैनिक उतार-चढ़ाव का पूरा विवरण जोड़ने को कहा। इसमें उस दिन के लिए स्टॉक का उच्चतम और निम्नतम मूल्य शामिल था। अब मेरे टेलीग्राम इस तरह दिखने लगे—

B 32 (34½-32⅜) L 57 (58⅝-57) U 89½ (91½-89) A 120¼ (121½-120¼) F 132¼ (134⅞-132¼)

मैंने मात्रा के उद्धरणों की माँग नहीं की, क्योंकि मुझे डर था कि बहुत सारे आँकड़े मेरे टेलीग्राम में भीड़ कर सकते हैं। मेरे चुने शेयर वैसे भी उच्च मात्रावाले स्टॉक थे और मैंने सोचा था कि यदि मात्रा कम होती है, तो मैं उसे कुछ दिनों बाद 'बैरन्स' में देख ही लूँगा।

चूँकि मेरा ब्रोकर और मैं दोनों जानते थे कि हम कौन से स्टॉक्स को उद्धृत कर रहे थे, हम अपने स्वामित्व में प्रत्येक स्टॉक के नाम के केवल पहले अक्षर का उपयोग करते थे। लेकिन क्योंकि ये सामान्य स्टॉक मार्केट के संक्षिप्तीकरण नहीं थे, जो दुनिया भर में जाने जाते हैं, ये निरंतर आ रहे रहस्यमय शब्द आँकड़ों के टेलीग्राम लगभग हर जगह पोस्ट ऑफिस कर्मचारियों को परेशान और चिंतित करते थे। इससे पहले कि वे मेरे पहले टेलीग्राम मुझे सौंपते, मुझे उनकी विषय-वस्तु के बारे में एक विस्तृत विवरण देना पड़ता था।

वे स्पष्ट रूप से सोचते थे कि मैं एक सीक्रेट एजेंट था। मुझे लगातार इस संदेह का सामना करना पड़ा, खासकर सुदूर-पूर्व में। शायद जापान में यह सबसे बुरा था। वहाँ के टेलीग्राफ अधिकारी कहीं और की तुलना में अधिक संदिग्ध थे, क्योंकि जापानी नौकरशाह अपने युद्ध पूर्व जासूस उन्माद को पूरी तरह से छोड़ नहीं पाए हैं। जब भी मैं क्योटो, नागोया या ओसाका जैसे नए शहर में जाता था, टेलीग्राम अधिकारी मुझे बहुत गंभीर संदेह की निगाह से देखते थे।

मुझे हमेशा लंबे स्पष्टीकरण देने पड़ते थे। चूँकि मैं जापानी नहीं बोलता

था, यह अकसर एक जटिल कार्य होता था। हालाँकि एक अजीब तरह से, जैसे ही मैं उन्हें यह बताते हुए एक कागज पर हस्ताक्षर करता था कि मेरे टेलीग्रामों में वास्तव में क्या था, वे काफी खुश लगने लगते थे। वह सच नहीं हो सकता था, लेकिन लगता है, उनके दिमाग में यह बात नहीं आती थी। दूसरी ओर, मेरे हस्ताक्षर किए हुए इस कागज के बिना, वे मेरे टेलीग्राम भेजने से इनकार कर देते थे।

मुझे उनके विचार बदलने में काफी समय लग गया। मैंने जापान में छह महीने बिताए और तब, आखिरकार मैं अधिकांश प्रमुख शहरों के टेलीग्राम कार्यालयों में एक प्रसिद्ध व्यक्ति बन गया। उन्होंने खुशी से बिना किसी विशेष हस्ताक्षर के मेरी टेलीग्रामों को स्वीकार करना भी शुरू कर दिया। जापानियों के बीच यह बात मशहूर हो गई थी कि मैं पागल, लेकिन स्पष्ट रूप से हानिरहित यूरोपीय था, जो वित्तीय बकवास वाले तार भेजता और प्राप्त करता रहता था।

दुनिया के मेरे दौरे के दौरान मेरी यात्राएँ हाँगकाँग से इस्तांबुल, रंगून, मनीला, सिंगापुर, स्टॉकहोम, फॉर्मोसा, कलकत्ता, जापान और कई अन्य स्थानों तक चलीं। स्वाभाविक रूप से मुझे अकसर मेरे टेलीग्राम प्राप्त करने या भेजने की कोशिश में अन्य कठिनाइयों का सामना करना पड़ता था।

एक बड़ी समस्या यह थी कि जब मैं यात्रा करता था तो मुझे सावधान रहना पड़ता था कि टेलीग्राम मुझसे छूट न जाएँ। इसीलिए जब मैं यात्रा में होता था तो उनकी दो या कभी-कभी तीन प्रतियाँ होती थीं। यह बहुत सामान्य बात थी कि एक ही टेलीग्राम वॉल स्ट्रीट से पैन ऐम फ्लाइट 2, हाँगकाँग एयरपोर्ट के पते पर निकलता, दोहराकर टोक्यो एयरपोर्ट के लिए और फिर निक्कत्सु होटल, टोक्यो के लिए। इस व्यवस्था से अगर मैं उसे विमान में प्राप्त करने से चूक भी जाता, तो हवाई अड्डे पर उतरने के तुरंत बाद वह मुझे मिल जाता।

उदाहरण के लिए, लाओस के वियनतियाने से वॉल स्ट्रीट में संचालन में मेरी कठिनाइयाँ जबरदस्त थीं। उनमें से पहली यह थी कि वहाँ कोई टेलीफोन व्यवस्था नहीं थी। एकमात्र स्थानीय टेलीफोन अमेरिकी सैन्य मिशन और अमेरिकी दूतावास के बीच था, जो निश्चित रूप से मेरे किसी काम का नहीं था।

यदि मैं कोई संदेश भेजना या प्राप्त करना चाहता था, तो मुझे एक रिक्शा

लेकर डाकघर जाना पड़ता था, जो दिन में सिर्फ आठ घंटे खुला रहता था और हमेशा बिल्कुल नियत समय पर बंद हो जाता था।

चूँकि स्थानीय समय और न्यूयॉर्क के समय के बीच बारह घंटे का अंतर था, इसीलिए वॉल स्ट्रीट के खुलने से लेकर बंद होने के समय तक पोस्ट ऑफिस बंद रहता था। मैं लगातार तनाव में रहता था, यह सोचकर कि कहीं शेयर बाजार से महत्त्वपूर्ण समाचार मुझ तक पहुँचने से रह तो नहीं जा रहे हैं।

एक दिन जब मैं डाकखाने में गया, तो मुझे एक तार मेरी प्रतीक्षा करता मिला, जो साइगॉन से हाँगकाँग अग्रेषित किया गया था और फिर हाँगकाँग से वियनतियाने भेजा गया था। मैंने उसे डरते हुए खोला, यह सोचकर कि निश्चित रूप से इस देरी का मतलब कोई आपदा हो सकती थी। लेकिन सौभाग्य से उसमें ऐसी कोई जानकारी नहीं थी, जिस पर कार्य करने के लिए मैं बाध्य महसूस करता।

लेकिन लाओस उन स्थानों में से केवल एक था, जहाँ मैं मुश्किलों में पड़ा। हिमालय में नेपाल की राजधानी काठमांडू में कोई टेलीग्राफ सेवा नहीं थी। एकमात्र टेलीग्राफ ऑफिस भारतीय दूतावास में था और बाहरी दुनिया से टेलीग्राम द्वारा सभी संचार उसके माध्यम से होते थे।

दूतावास के अधिकारी स्पष्ट रूप से आम लोगों को संबोधित निजी टेलीग्रामों के बारे में परेशान होना अपनी गरिमा के नीचे मानते थे। जब मेरे लिए कोई टेलीग्राम आता, तो वे उसे भेजते नहीं थे और मुझे लगातार दूतावास को यह जानने के लिए टेलीफोन करना पड़ता था कि क्या मेरे लिए कोई संदेश है। कभी-कभी मुझे दस बार फोन करना पड़ता था, इससे पहले कि वे मुझसे कहते कि मैं आकर अपनी टेलीग्राम ले लूँ। इसके अलावा, वे हस्तलिखित और अकसर अस्पष्ट होते थे।

मेरे संचालन की मूल तकनीकें यह थीं—'बैरन्स', जो सोमवार को बोस्टन से प्रकाशित होता था, आमतौर पर अगर मैं ऑस्ट्रेलिया या भारत में होता या दुनिया के किसी और हिस्से में, जो बहुत दूरस्थ नहीं था, मेरे पास गुरुवार तक पहुँच जाता था। इसका मतलब, निश्चित रूप से यह था कि मैं वॉल स्ट्रीट की गतिविधियों से चार दिन पीछे होता था। हालाँकि जब मैं 'बैरन्स' में एक ऐसा

स्टॉक देखता था, जो मेरे सिद्धांतों के अनुसार व्यवहार करता था, तो मैं अपने ब्रोकर को एक टेलीग्राम भेजता था, यह कहते हुए कि वह मुझे सोमवार से गुरुवार तक की स्टॉक की गतिविधियों के बारे में जानकारी भेज दे, उदाहरण के लिए—

इस सप्ताह की रेंज टेलीग्राम करें और क्रिसलर बंद करें

यदि स्टॉक, उदाहरण के लिए, मेरी राय में 60/65 बॉक्स में अच्छा व्यवहार कर रहा होता, तो मैं यह देखने के लिए इंतजार करता कि क्या न्यूयॉर्क से चार दिवसीय उद्धरण अभी भी यह दिखा रहे थे। यदि मुझे टेलीग्राम किए गए कोटेशन दिखाते कि वह अभी भी इस बॉक्स में था, तो मैं उस पर नजर रखने का निर्णय लेता। फिर मैं अपने ब्रोकर से उसे रोजाना कोट करने के लिए कहता, ताकि मैं देख सकूँ कि क्या यह एक उच्चतर बॉक्स की ओर दबाव बना रहा है। यदि मैं उससे संतुष्ट होता, जो मैंने देखा था, तो मैं अपना ऑन स्टॉप खरीद आदेश न्यूयॉर्क टेलीग्राम कर देता, जिसके बार में मेरे ब्रोकर को निर्देश दिया गया था कि जब तक अन्यथा निर्दिष्ट न हो, उसे रद्द करने तक अच्छा समझा जाए। इसके साथ हमेशा एक स्वचालित स्टॉप लॉस आदेश जोड़ा जाता था, उस स्थिति के लिए कि कहीं मेरे खरीदने के बाद स्टॉक लुढ़क न जाए। एक विशिष्ट टेलीग्राम इस तरह दिखता था—

200 क्रिसलर खरीदें 67 ऑन स्टॉप 65 स्टॉपलॉस

यदि दूसरी ओर मेरे ब्रोकर का टेलीग्राम दिखाता कि मेरे 'बैरन्स' में उसे देखने के बाद से वह 60/65 बॉक्स से बाहर निकल गया है, तो मैं उसके बारे में भूल जाता था। मेरे काररवाई करने के लिए बहुत देर हो चुकी होती थी। मुझे एक और अवसर की प्रतीक्षा करनी थी।

स्वाभाविक रूप से, मैं अपनी काररवाई को कुछ शेयरों तक सीमित करने के लिए बाध्य था। कारण विशुद्ध रूप से वित्तीय था। अगर मैं स्टॉक कोटेशन का अनुरोध करते हुए टेलीग्रामों पर प्रतिदिन $12 या $15 से अधिक खर्च करता, तो मेरे एक बहुत बड़ा मुनाफा न कमाने की स्थिति में यह ऑपरेशन अलाभकर हो जाता।

शुरुआत में मुझे बहुत डर लगता था। ऐसा नहीं था कि न्यूयॉर्क में होने की वजह से मुझे अतीत में मदद मिली थी, लेकिन टेलीफोन द्वारा वॉल स्ट्रीट के साथ संवाद कर पाने के कारण मुझे सुरक्षा का एक नकली अहसास होता था। कुछ समय तक मुझे इसकी कमी महसूस होती थी। वह तो केवल बाद में, जब मैंने धीरे-धीरे टेलीग्रामों के माध्यम से व्यापार में अनुभव प्राप्त किया तो मुझे इसके फायदे दिखने लगे। कोई फोन नहीं, कोई उलझन नहीं, कोई विरोधाभासी अफवाहें नहीं—इन कारकों ने संयुक्त रूप से मुझे एक बहुत अलग दृष्टिकोण दिया।

चूँकि मैं एक समय में केवल पाँच से आठ स्टॉक सँभालता था, मैंने उन्हें घेरे हुए सैकड़ों शेयरों की भ्रामक, जंगली गतिविधियों से उन्हें स्वचालित रूप से अलग कर दिया। मैं अपने शेयरों की कीमत के अलावा किसी चीज से प्रभावित नहीं था।

मैं सुन नहीं सकता था, जो लोग कहते थे, लेकिन मैं वो देख सकता था, जो वे करते थे। यह एक पोकर गेम की तरह था, जिसमें मैं सट्टेबाजी सुन नहीं सकता था, लेकिन सभी कार्ड देख सकता था।

मैं उस समय यह नहीं जानता था, लेकिन बाद में, जब मैं बाजार में अधिक अनुभवी हो गया, मुझे अहसास हुआ कि यह मेरे लिए कितना अमूल्य था। बेशक, पोकर खिलाड़ी मुझे शब्दों के साथ गुमराह करने की कोशिश करेंगे और वे मुझे अपने कार्ड नहीं दिखाएँगे। लेकिन अगर मैं उनके शब्दों को नहीं सुनता हूँ और लगातार उनके कार्ड देखता हूँ, तो मैं अनुमान लगा सकता हूँ कि वे क्या कर रहे हैं। यह पॉट में बिना एक भी डॉलर के ताश खेलने जैसा था। इसमें भी उतना ही स्वाद और उत्साह था, जितना एक बूढ़ी महिलाओं के घर में ब्रिज के खेल में होता है।

सबकुछ कागज पर, दाँव पर कोई पैसा लगाए बिना, बहुत आसान लग रहा था। लेकिन जैसे ही मैंने एक शेयर में 10,000 डॉलर का निवेश किया, तसवीर काफी अलग हो गई। कोई पैसा शामिल नहीं होने से मैं अपनी भावनाओं को आसानी से नियंत्रित कर सकता था, लेकिन जैसे ही मैंने एक शेयर में डॉलर डाले, मेरी भावनाएँ तेजी से तैरते हुए सतह पर आ गईं।

जैसे-जैसे मेरे टेलीग्राम दिन-प्रतिदिन आने लगे, मैं धीरे-धीरे इस नए

प्रकार के संचालन का आदी हो गया और अधिक-से-अधिक आत्मविश्वास महसूस करने लगा। केवल एक विशेष तथ्य मुझे परेशान करता था। कभी-कभी मेरे कुछ शेयर अकथनीय चाल चलते थे, जिनका उनके पिछले व्यवहार से कोई संबंध नहीं होता था।

यह मुझे विस्मित कर देता था और उसी दौरान, जब मैं एक स्पष्टीकरण की तलाश में था, मैंने एक बहुत अहम खोज की। मुझे अहसास हुआ कि मैं बिल्कुल अकेला, अपने दम पर था। मुझे यकीन था कि मैं किताबों से और कुछ नहीं सीख सकता। कोई मेरा मार्गदर्शन नहीं कर सकता था। मैं अपने दैनिक टेलीग्रामों और 'बैरन्स' की अपनी साप्ताहिक प्रतियों के साथ बिल्कुल अकेला था। वे वॉल स्ट्रीट के साथ मेरा एकमात्र संपर्क थे, कई हजार मील दूर। यदि मुझे स्पष्टीकरण चाहिए होता, तो मैं केवल उनके पास ही जा सकता था।

इसीलिए मैं 'बैरन्स' में उत्साहपूर्वक कूद पड़ा। मैं उसके पन्ने तब तक पलटता रहता था, जब तक कि वे फट नहीं जाते थे और फिर अंत में मुझे यह पता चला—मेरे शेयरों में अबोध्य चालें आमतौर पर सामान्य बाजार में किसी जबरदस्त गतिविधि के साथ मेल खाती थीं। चूँकि मैं केवल अपने स्वयं के स्टॉक के उद्धरण प्राप्त करता था, मैं उन पर सामान्य बाजार के संभावित प्रभाव की पूरी तरह अवहेलना कर रहा था। यह युद्ध के मैदान के केवल एक हिस्से को देखकर किसी लड़ाई को निर्देशित करने की कोशिश से बेहतर नहीं था।

यह मेरे लिए बहुत महत्त्वपूर्ण खोज थी और मैंने तुरंत इस पर काम किया। मैंने अपने ब्रोकर से मेरे टेलीग्रामों के अंत में डाउ-जोन्स इंडस्ट्रियल एवरेज के समापन मूल्य को जोड़ने के लिए कहा। मैंने सोचा कि इससे मुझे सामान्य बाजार के व्यवहार की एक पर्याप्त रूप से स्पष्ट तसवीर मिल जाएगी।

मेरे टेलीग्राम अब इस तरह पढ़े जाते हैं—

B 32½ (34½–32⅜) L 57 (58⅝–57) U 89½ (91½–89) A 120¼ (121½–120¼) F 132¼ (134⅞–132¼) 482.31

जब मुझे इस अतिरिक्त जानकारी के साथ पहला टेलीग्राम मिला, तो मैं एक बच्चे की तरह हो गया, जिसे एक नया खिलौना मिला था। मुझे लगा कि मैंने एक बिल्कुल नया फॉर्मूला खोज लिया है। जब मैंने डाउ-जोन्स इंडस्ट्रियल

एवरेज का संबंध अपने स्टॉक की गतिविधियों से जोड़ने की कोशिश की, तो मैंने तर्क दिया कि यदि औसत ऊपर जा रहा था, तो मेरे स्टॉक भी जाएँगे।

इसके तुरंत बाद, मुझे पता चला कि यह सच नहीं था। बाजार को एक कठोर पैटर्न में फिट करने की कोशिश करना एक गलती थी। ऐसा करना काफी असंभव लग रहा था। प्रत्येक स्टॉक अलग तरह से व्यवहार करता था। यांत्रिक पैटर्न जैसी कोई चीज नहीं थी। औसत को उसकी उचित जगह पर भेज देने से पहले मैं कई बार गलत हुआ। मुझे कुछ समय बाद पता चला कि डाउ-जोन्स कंपनी एक औसत प्रकाशित करती है। वह केवल 30 चयनित स्टॉक के दैनिक व्यवहार को दरशाती है। अन्य स्टॉक इससे प्रभावित होते हैं, लेकिन यंत्रवत् रूप से इसके पैटर्न का पालन नहीं करते हैं। मैं भी यह समझने लगा था कि डाउ-जोन्स कंपनी एक भाग्य बतानेवाला संगठन नहीं है। यह आपको यह बताने का प्रयास नहीं करता है कि व्यक्तिगत स्टॉक कब बढ़ेंगे या गिरेंगे।

धीरे-धीरे मुझे समझ में आने लगा कि मैं औसत और व्यक्तिगत स्टॉक के बीच के संबंध में यांत्रिक मानकों को लागू नहीं कर सकता। इस रिश्ते को आँकना एक कला की तरह था। कुछ मायनों में यह पेंटिंग की तरह था। एक कलाकार कुछ सिद्धांतों का पालन करते हुए कैनवास पर रंग डालता है, लेकिन उसके लिए यह समझाना असंभव होगा कि वह यह कैसे करता है। इसी तरह मैंने पाया कि औसत और मेरे व्यक्तिगत शेयरों के बीच संबंध कुछ सिद्धांतों में सीमित थे, लेकिन उन्हें सटीक रूप से मापा नहीं जा सकता था। उस समय से, मैंने डाउ-जोन्स इंडस्ट्रियल एवरेज पर लगातार नजर रखने का फैसला कर लिया, लेकिन केवल यह निर्धारित करने के लिए कि मैं एक मजबूत बाजार में था या कमजोर में। यह मैंने इसलिए किया, क्योंकि मैं समझ गया था कि एक सामान्य बाजार चक्र लगभग हर शेयर को प्रभावित करता है। बेयर या बुल मार्केट जैसे मुख्य चक्र आमतौर पर रेंगते हुए उनमें से अधिकांश में घुस जाते हैं।

अब जब मैं अपने सिद्धांत के अंतिम रूप के साथ तैयार था, तो मैं पहले से अधिक मजबूत महसूस कर रहा था। मुझे लग रहा था, जैसे मैं लाइट के कुछ स्विचों को छूने लगा था, जो कमरे को रोशन कर देंगे।

मुझे पता चला कि मैं अपने सामने रखे टेलीग्रामों से शेयरों पर एक राय

बना सकता हूँ। वे मेरे लिए एक्स-रे जैसे बन गए। एक अदीक्षित के लिए, एक एक्स-रे तसवीर अर्थहीन होती है। लेकिन एक चिकित्सक के लिए अकसर उसमें वह सब जानकारी होती है, जो वह जानना चाहता है। वह उसकी खोजों को बीमारी की प्रकृति और अवधि, रोगी की आयु आदि के संदर्भ में देखता है और उसके बाद ही वह अपने निष्कर्ष निकालता है।

अपने टेलीग्रामों को देखते हुए, मैंने भी कुछ ऐसा ही किया। मैं अपने शेयरों की कीमतों की पहले एक-दूसरे के साथ तुलना करता, फिर डाउ-जोन्स के औसत के साथ और जब मैं उनकी ट्रेडिंग रेंज को तौलता, तब मैं मूल्यांकन करता कि मुझे खरीदना चाहिए, बेचना चाहिए या रुकना चाहिए।

मैंने यह स्वचालित रूप से, बिना गहन विश्लेषण के किया। मैं खुद को यह पूरी तरह से समझा नहीं पाया, जब तक मुझे यह समझ में नहीं आ गया कि अब मैं पढ़ रहा था और अब वर्णमाला की वर्तनी नहीं सुना रहा था। मैं वह कर रहा था, जो एक शिक्षित वयस्क करता है—मैं एक नजर में मुद्रित पृष्ठ को अवशोषित कर सकता था और उससे तेजी से निष्कर्ष निकाल सकता था, बजाय एक बच्चे की तरह अक्षरों को एक-एक करके जोड़ने के।

इसके साथ ही, मैं अपनी भावनाओं को प्रशिक्षित करने की कोशिश कर रहा था। मैंने इस पर इस तरह से काम किया—जब भी मैं एक स्टॉक खरीदता था, मैं ऐसा करने का अपना कारण लिख लेता था। मैं तब भी ऐसा ही करता, जब मैं उसे बेचता था। जब भी कोई सौदा घाटे के साथ समाप्त होता, तो मैं वह कारण लिख लेता, जो मुझे लगता था, उसके पीछे था। फिर मैं कोशिश करता था कि वह गलती न दोहराऊँ। मेरी एक तालिका कुछ इस तरह दिखती थी—

	खरीदे	**बेचे**	**त्रुटि का कारण**
आइलैंड क्रीक कोल	46	43½	खरीदने में बहुत देर
जॉय मैन्युफैक्चरिंग	62	60⅝	स्टॉप लॉस बहुत निकट
ईस्टर्न गैस फ्यूल	27¾	25⅛	कमजोर सामान्य बाजार की अनदेखी

ऐलकोआ	118	116½	गिरावट पर खरीदा
कूपर-बेसेमर	55⅜	54	गलत समय निर्धारण

इन त्रुटि-कारण तालिकाओं ने मेरी बहुत मदद की। जब मैं उन्हें एक के बाद एक बना रहा था, तब मैं प्रत्येक सौदे से कुछ सीख रहा था। मुझे समझ में आने लगा था कि स्टॉक के पास भी लोगों की तरह ही चरित्र होते हैं। यह इतना अतार्किक नहीं है, क्योंकि वे ईमानदारी से उन लोगों के चरित्र को दरशाते हैं, जो उन्हें खरीदते और बेचते हैं।

मनुष्यों की तरह स्टॉक भी अलग-अलग तरह से व्यवहार करते हैं। उनमें से कुछ शांत, धीमे, रूढ़िवादी होते हैं। अन्य अस्थिर, घबराए, तनावग्रस्त होते हैं। उनमें से कुछ के बारे में भविष्यवाणी करना मुझे आसान लगा। वे अपनी चाल में निरंतर, अपने व्यवहार में तार्किक थे। वे भरोसेमंद मित्रों की तरह थे।

और उनमें से कुछ को मैं सँभाल नहीं पाया। हर बार जब मैंने उन्हें खरीदा तो उन्होंने मुझे चोट पहुँचाई। उनके व्यवहार में कुछ लगभग मानवीय था। लगता था, जैसे वे मुझे नहीं चाहते थे। वे मुझे एक ऐसे व्यक्ति की याद दिलाते थे, जिसके साथ आप मित्रता करने की कोशिश करते हैं, लेकिन जो सोचता है कि आपने उसका अपमान किया है और इसीलिए वह आपको थप्पड़ मार देता है। मैंने यह विचार करना शुरू कर दिया कि अगर इन शेयरों ने मुझे दो बार थप्पड़ मारा, तो मैं उन्हें छूना छोड़ दूँगा। मैं बस उस झटके को झाड़कर हटा दूँगा और किसी ऐसी चीज को खरीदने के लिए बढ़ जाऊँगा, जिसे मैं बेहतर तरीके से सँभाल सकता हूँ। बेशक, इसका मतलब यह नहीं है कि अन्य लोग, जिनके स्वभाव मुझसे अलग थे, उनका साथ अच्छी तरह से नहीं निभा पा रहे थे—ठीक ऐसे, जैसे कुछ लोगों के एक तरह के लोगों के साथ दूसरी तरह के लोगों की तुलना में बेहतर संबंध होते हैं।

अपनी कारण-त्रुटि तालिकाओं के माध्यम से मैंने जो अनुभव प्राप्त किया, वह मेरी सभी योग्यताओं में सबसे महत्त्वपूर्ण बन गया। मुझे अब अहसास हुआ कि मैं इसे किताबों से कभी नहीं सीख सकता था। मैं समझने लगा कि

यह कार चलाने जैसा है। चालक को यह सिखाया जा सकता है कि त्वरक (एक्सेलरेटर), स्टीयरिंग व्हील और ब्रेक का उपयोग कैसे करते हैं, लेकिन फिर भी उसे ड्राइविंग के लिए अपनी खुद की भावना विकसित करनी पड़ती है। कोई भी उसे यह नहीं बता सकता है कि वह कैसे समझे कि वह उसके सामनेवाली कार के बहुत करीब है या कब उसे कार की गति धीमी करनी चाहिए। यह वह केवल अनुभव के माध्यम से सीख सकता है।

जब मैं दुनिया भर में उड़ान भर रहा था और टेलीग्राम द्वारा वॉल स्ट्रीट में संचालन कर रहा था, मैं धीरे-धीरे यह समझने लगा कि यद्यपि मैं एक नैदानिक बन रहा था, लेकिन मैं भविष्यवक्ता नहीं हो सकता था। जब मैं एक स्टॉक की जाँच करता था और उसे मजबूत पाता था, तो मैं बस इतना कह सकता था—यह अभी, आज, इस घंटे ठीक है। मैं यह गारंटी नहीं दे सकता था कि उसे कल सर्दी नहीं होगी। मेरे शिक्षित अनुमान, चाहे वे कितने भी सतर्क क्यों न हों, कई बार गलत निकलते थे। लेकिन अब मैं इससे परेशान नहीं होता था। आखिरकार मैंने सोचा, मैं यह बतानेवाला कौन था कि एक स्टॉक को क्या करना चाहिए और क्या नहीं?

अब मेरी गलतियाँ भी मुझे दुःखी नहीं करती थीं। अगर मैं सही होता था तो बहुत अच्छा। अगर मैं गलत होता था, मैं बेच दिया जाता था। यह स्वचालित रूप से, मुझसे अलग कुछ के रूप में होता था। अब अगर स्टॉक बढ़ता था, तो मुझे गर्व नहीं होता था, न ही उसके गिरने पर मैं चोट खाया हुआ महसूस करता था। अब मुझे पता था कि 'मूल्य' शब्द का स्टॉक के संबंध में उपयोग नहीं किया जा सकता। एक शेयर का मूल्य उसका उद्धृत मूल्य होता है। यह बदले में पूरी तरह से आपूर्ति और माँग पर निर्भर होता है। मैंने अंततः यह जान लिया कि $50 स्टॉक जैसी कोई चीज नहीं है। यदि $50 का स्टॉक $49 पर जाता है, तो वह अब $49 का स्टॉक हो जाता है। वॉल स्ट्रीट से हजारों मील दूर होने के कारण, मैंने अपने पास मौजूद हर स्टॉक से खुद को भावनात्मक रूप से अलग करने में सफलता पाई।

मैंने कर समस्या से भी प्रभावित न होने का निर्णय लिया। कई लोग लंबी अवधि का पूँजीगत लाभ प्राप्त करने के लिए छह महीने तक स्टॉक को रोककर

रखते हैं। इसमें मुझे जोखिम लगता था। मैं केवल कर के कारणों से गिरते हुए शेयर को रोककर पैसा खो सकता हूँ।

मैंने फैसला किया कि मैं पहले सही काम करके बाजार में व्यापार करूँगा—उसका पालन करो, जो एक शेयर का व्यवहार आदेश देता है और बाद में करों के बारे में परवाह करो।

जैसे कि स्टॉक मेरे नए रवैये की पुष्टि करने के लिए बनाए गए थे, मैंने उन्हें काफी समय तक सफलतापूर्वक सँभाला। जब मुझे लगता कि मैं सही हूँ, तो मैं निडर आत्मविश्वास के साथ खरीदता और जब मुझे लगता कि मैं गलत साबित हुआ हूँ, तो शांति से, बिना अहंकार पर चोट खाए, मैं अपने सीमित नुकसान को स्वीकार कर लेता।

मेरे सबसे सफल अभियानों में से एक कूपर-बेसेमर में था। मैंने इस स्टॉक में तीन बार खरीदा, हर बार 200 शेयर। दो सौदे नुकसान के साथ समाप्त हुए, लेकिन तीसरे ने मुझे एक बड़ा मुनाफा दिया। इन खरीदों का विवरण इस प्रकार है—

नवंबर 1956			
खरीदा	46 पर	($9,276.00)	
बेचा	45⅛ पर	($8,941.09)	
			घाटा $334.91
दिसंबर 1956			
खरीदा	55⅜ पर	($11,156.08)	
बेचा	54 पर	($10,710.38)	
			घाटा $445.70
जनवरी-अप्रैल 1957			
खरीदा	57 पर	($11,481.40)	
बेचा	70¾ पर	($14,056.95)	
			लाभ $2,575.55

कुछ अन्य स्टॉक, जैसे—ड्रैसर इंडस्ट्रीज और रेनॉल्ड्स मेटल्स, ने उतना ही अच्छा व्यवहार किया और मुझे संतोषजनक लाभ दिया।

लेकिन फिर 1957 की गरमी में, जब मैं सिंगापुर में था, कुछ बहुत चौंका देनेवाले घटनाक्रम हुए।

मैंने 56¼ पर बाल्टीमोर ऐंड ओहियो रेलरोड खरीदा। मैंने सोचा कि वह 56/61 बॉक्स में है और वह आगे बढ़ेगा। लेकिन वह नीचे आने लगा और मैंने उसे 55 पर बेच दिया।

फिर मैंने डोबेकमन पर प्रयास किया। मैंने सोचा कि वह एक 44/49 बॉक्स में था, इसलिए मैंने उसे 45 में खरीद लिया। वह लुढ़कने लगा और मैंने उसे 41 पर बेच दिया।

मैंने डेस्ट्रॉम को 44 में खरीदा, क्योंकि मुझे लगा कि वह 45/50 बॉक्स की ओर बढ़ रहा है। उसको मैंने 42 पर बेचा।

मैंने 61¾ पर फॉस्टर व्हीलर खरीदा। मुझे लगा कि यह 60/80 बॉक्स में था। जब वह धीरे-धीरे मेरे खिलाफ पलटने लगा, तो मैंने उसे 60 फ्रेम के ठीक नीचे 59½ पर बेच दिया।

अंतिम स्टॉक एरोक्विप था। मैंने उसे 23¼ से 27⅝ तक की कीमतों पर खरीदा था। मैंने उसे 30 की ओर चढ़ते देखा और 31/35 बॉक्स के विकसित होने का इंतजार करने लगा। यह उस तरह से नहीं हुआ। मुझे एरोक्विप से 27 पर स्टॉप आउट कर दिया गया।

अंत में, 26 अगस्त, 1957 को मैंने पाया कि मेरे पास एक भी स्टॉक नहीं था। मेरे स्वचालित स्टॉप लॉस ने मेरे सारे स्टॉक बेच दिए थे। दो महीनों में मेरा हर एक स्टॉक धीरे-धीरे पलट गया था और एक-एक करके अपने बक्सों में नीचे पहुँच गया था। और एक-एक करके, भले ही यह केवल आधे अंक का सवाल था, वे सब बेच दिए गए थे।

मुझे यह अच्छा नहीं लगा, लेकिन मैं कुछ भी नहीं कर सकता था। मेरे सिद्धांत के अनुसार, मुझे बस चुपचाप बैठकर धैर्यपूर्वक प्रतीक्षा करनी थी, जब तक उनमें से एक या दो स्टॉक, जिनसे मैं स्टॉप आउट कर दिया गया था या

कोई अन्य स्टॉक, जिनपर मैं नजर रख रहा था, एक नए उच्च बॉक्स की ओर नहीं चले जाते।

उत्सुक और उद्विग्न, मैं बिना एक भी डॉलर के निवेश के किनारे से देखता रहा, जबकि कीमतों में गिरावट जारी रही।

लेकिन कोई अवसर सामने आता नहीं लग रहा था। मैं जो नहीं जानता था, वह यह था कि हम ग्रेट बुल मार्केट के एक चरण के अंत में थे। कई महीनों के बाद यह स्पष्ट हो गया और उसे एक बेयर मार्केट घोषित कर दिया गया। वॉल स्ट्रीट के आधे विश्लेषक अभी भी इस पर चर्चा करते हैं। वे कहते हैं कि यह केवल एक मध्यवर्ती प्रतिक्रिया थी—बढ़ते बाजार में एक अस्थायी ठहराव। हालाँकि सभी सहमत हैं कि कीमतें ढह गई थीं।

बेशक यह सभी मत बाद में समझ आने पर व्यक्त किए जाते हैं—जब बहुत देर हो चुकी होती है। बाजार से बाहर निकलने की सलाह तब उपलब्ध नहीं थी, जब लोगों को इसकी आवश्यकता थी।

मुझे हिटलर का किस्सा याद आता है, जब उसने स्टेलिनग्राद पर आक्रमण करने का फैसला किया था। उसके लिए वह केवल एक और रूसी शहर था, जिस पर उसे विजय पानी थी और कब्जा करना था। जब स्टेलिनग्राद की लड़ाई लड़ी जा रही थी, तब किसी को नहीं मालूम था कि वह युद्ध का एक महत्त्वपूर्ण मोड़ था। बहुत लंबे समय तक, कुछ ही लोगों को इसका अहसास हुआ।

यहाँ तक कि जब जर्मन सेनाएँ आधे रास्ते से लौट गई थीं, तब भी इसे रणनीतिक वापसी कहा जा रहा था। वास्तव में, यह हिटलर का अंत था। जिस दिन हिटलर ने स्टेलिनग्राद पर हमला किया था, उस दिन नाजी युद्ध का बुल मार्केट समाप्त हो गया था।

उसी तरह, मैंने महसूस किया कि मेरे लिए उस समय बाजार में महान् ऐतिहासिक मोड़ों का आकलन करना असंभव था, जब वे होने जा रहे थे। जब वॉल स्ट्रीट की कीमतों में गिरावट जारी थी, तब मुझे जिस चीज ने मोहित किया था, वह इस बात का एक धीमा अहसास था कि अपने स्टॉप लॉस के साथ जल्दी से बाहर निकलने की मेरी प्रणाली इस तरह के आकलन को अनावश्यक बनाती थी।

मैंने यह आनंददायक खोज की कि मेरे तरीके ने मेरी कल्पना से कहीं बेहतर काम किया था। उसने बुरा समय आने से पहले ही मुझे अपने आप मुक्त कर दिया था। बाजार बदल गया था—लेकिन मैं पहले ही उससे बाहर था।

मेरे लिए सबसे महत्त्वपूर्ण पहलू यह था कि मेरे पास किसी तरह का कोई संकेत नहीं था कि बाजार ढह जाएगा। मेरे पास कोई जानकारी कैसे हो सकती थी? मैं पूरे समय बहुत दूर था। मैंने कोई भविष्यवाणियाँ नहीं सुनी थीं, बुनियादी बातों का अध्ययन नहीं किया था और कोई अफवाह नहीं सुनी थी। मैं बस अपने स्टॉक के व्यवहार के आधार पर बाहर निकल गया था।

बाद में जब मैंने अपने स्वचालित रूप से बेचे गए स्टॉक का अध्ययन किया, तो मैंने पाया कि आगे मंदी के दौर में वे वास्तव में बहुत नीचे लुढ़क गए थे। निम्नलिखित तालिका देखें—

	1957	1958	1958
	मेरे बेचने की दर	**न्यूनतम कीमत**	**अधिकतम कीमत**
बाल्टिमोर ऐंड ओहियो	55	22⅝	45¼
डेस्ट्रॉम	42¼	30	39¾
फॉस्टर व्हीलर	59½	25⅛	39⅛
एरोक्विप	27½	16⅞	25¾
एलाइड कंट्रोल	48¼	33½	46½
ड्रेसर इंडस्ट्रीज	54½	33	46⅝
जॉय मैन्युफैक्चरिंग	68	38	54½
एलेघनी लुडलुम	56½	30⅛	49⅜

जब मैंने इस तालिका को देखा, तो मैंने सोचा—यदि मेरे स्टॉप लॉसेस ने मुझे बाजार से बाहर नहीं निकाला होता तो मैं अपने निवेश का लगभग 50 प्रतिशत खो सकता था। मैं एक पिंजरे में बंद आदमी की तरह होता, अपनी

होल्डिंग्स के साथ बंद और संपत्ति बनाने के अपने अवसर से वंचित। वह एकमात्र तरीका, जिससे मैं बच सकता था, वह था—अपने स्टॉक बेचना, 50 प्रतिशत नुकसान उठाना, संभवतः खुद को बरबाद कर लेना और भविष्य के सौदों के लिए अपने आत्मविश्वास को बुरी तरह क्षतिग्रस्त कर लेना।

मैं निश्चित रूप से, इन शेयरों को खरीद सकता था और 'उन्हें अलग रख सकता था।' यह उन लोगों के बीच एक क्लासिक समाधान है, जो खुद को रूढ़िवादी निवेशक कहते हैं। लेकिन अब तक मैं उन्हें शुद्ध जुआरियों के रूप में देखने लगा था। जब वे एक स्टॉक के गिरते रहने के बावजूद उसके साथ बने रहते हैं तो वे गैर-जुआरी कैसे हो सकते हैं? एक गैर-जुआरी को अपने स्टॉक में गिरावट आने पर बाहर निकल जाना चाहिए। वे स्टॉक में जुआरी की एक भाग्यशाली पत्ते की शाश्वत आशा के रूप में बने रहते हैं।

मैंने उन लोगों के बारे में सोचा, जिन्होंने 1929 में न्यूयॉर्क सेंट्रल के लिए 250 का भुगतान किया था। अगर वे अभी भी उसे होल्ड कर रहे होते, तो आज इसकी कीमत लगभग 27 थी। फिर भी अगर आप उन्हें जुआरी कहते, तो वे क्रोधित हो जाते!

जुआ न खेलने की इसी मनोदशा में मुझे सितंबर 1957 के पहले सप्ताह में मेरा मासिक विवरण प्राप्त हुआ और मैंने अपने खातों की जाँच शुरू कर दी। मैंने पाया कि मैंने जॉन्स ऐंड लाफलिन पर जो पैसे गँवाए थे, उनकी भरपाई हो गई थी और मेरी $37,000 की मूल पूँजी लगभग यथावत् थी। मेरे कई सौदे मामूली रूप से सफल रहे थे, लेकिन कमीशन और करों ने बहुत कुछ ले लिया था।

जब मैंने अपने खाते अधिक बारीकी से देखे तो मैंने पाया कि मेरे पास इतिहास के सबसे बड़े बुल मार्केट से बाहर निकल आने का अवांछनीय सम्मान था, बहुत सारे अनुभव, बड़ी मात्रा में ज्ञान, पहले से कहीं अधिक आत्मविश्वास—और साथ ही $889 के शुद्ध नुकसान के साथ।

6

बेबी बेयर मार्केट के दौरान

एक भी शेयर के बिना कुछ सप्ताह बिताने के बाद, मैंने स्थिति पर करीब से चिकित्सीय नजर डालने का फैसला किया। इसे स्पष्ट रूप से समझने के लिए मैंने दोनों बाजारों के बीच तुलना की।

बुल मार्केट को मैं शक्तिशाली एथलीटों से भरे धूप से उजले ग्रीष्मकालीन शिविर (समर कैंप) के रूप में देख रहा था। लेकिन मुझे याद रखना था कि कुछ स्टॉक दूसरों की तुलना में मजबूत थे। बेयर मार्केट? ग्रीष्मकालीन शिविर एक अस्पताल में बदल गया था। बहुत सारे स्टॉक बीमार थे—लेकिन कुछ दूसरों की तुलना में अधिक बीमार थे।

जब ब्रेक आया तो लगभग सभी स्टॉक चोटिल या टूटे-फूटे हो गए थे। अब यह अनुमान लगाने का सवाल था कि स्टॉक कितने बीमार थे और उनकी बीमारी कितने समय तक चलेगी।

मैंने तर्क दिया कि यदि कोई स्टॉक गिरकर 100 से 40 तक आ गया है, तो वह निश्चित रूप से काफी लंबे समय तक फिर से उसी ऊँचाई पर नहीं चढ़ेगा। यह एक बुरी तरह से घायल पैर के साथ एक एथलीट की तरह था, जिसे फिर से पहले की तरह दौड़ने और कूदने के लिए एक लंबी अवधि के स्वास्थ्य लाभ की आवश्यकता होगी। मेरे मन में अब कोई संदेह नहीं था कि मैं एक शेयर खरीदकर और फिर उसे चीयर करने की कोशिश करते हुए पैसा नहीं कमा सकता था। जोन्स और लाफलिन ने मुझे इस बारे में आश्वस्त कर दिया था। मुझे याद है कि कैसे मैं उस स्टॉक को ऊपर धकेलने के लिए खुद को इच्छुक महसूस कर रहा था। यह एक बहुत मानवीय भावना थी, लेकिन इसका बाजार पर उतना ही असर पड़ा था, जितना एक घुड़दौड़ पर दर्शकों का पड़ता है। यदि

एक घोड़ा जीतनेवाला होता है तो यह जीत ही जाता है, भले ही हजारों दर्शक एक दूसरे घोड़े के लिए जयकार कर रहे हों।

अभी भी ऐसा ही था। मुझे पता था कि अगर मैंने एक शेयर खरीदा और गलत निकला, तो दुनिया की कोई भी जयकार और धक्का कीमत में आधे अंक का बदलाव भी नहीं लाएगा। और यह नहीं कहा जा सकता था कि बाजार कितना नीचे गिर सकता है। मुझे यह प्रवृत्ति पसंद नहीं थी, लेकिन मैं जानता था कि इससे लड़ने की कोशिश करना बेकार है।

इस स्थिति ने मुझे जॉर्ज बर्नार्ड शॉ की उनके एक नाटक की पहली रात पर दी हुई टिप्पणी की याद दिला दी। परदा गिरने के बाद हर कोई चीयर कर रहा था और तालियाँ बजा रहा था, सिवाय एक आदमी के, जो ऊबकर शोर मचा रहा था। बर्नार्ड शॉ उसके पास गए और बोले, "क्या आपको मेरा नाटक पसंद नहीं आया?"

आदमी ने जवाब दिया, "नहीं, मुझे नहीं आया।"

इस पर शॉ ने कहा, "मुझे भी नहीं आया, लेकिन हम दोनों उस भीड़ के खिलाफ क्या कर सकते हैं?"

इसीलिए मैंने हर चीज को जो वह थी, उसके लिए स्वीकार कर लिया—मैं उसे जैसा चाहता था, उसके लिए नहीं। मैं सिर्फ किनारे खड़ा रहा और बेहतर समय आने का इंतजार करता रहा।

मैंने दृढ़ता से व्यापार करने से इनकार कर दिया—इतने प्रभाव से कि मेरे दलाल ने मुझे लिखा और कारण पूछा। मैंने एक चुटकुला बनाकर उसे समझाने की कोशिश की—"यह पक्षियों के लिए एक बाजार है। मुझे कोई कारण नहीं दिखता कि मुझे पक्षी-बाजार में क्यों होना चाहिए।"

उसके बाद की अवधि मैंने दौड़ के लिए कसरत कर रहे एक धावक की तरह बिताई। सप्ताह-दर-सप्ताह, जबकि मेरे पास कोई स्टॉक नहीं था और बाजार लगातार गिरावट पर था, मैं बैरन्स में कोटेशन्स पर नजर रख रहा था। मैं उन शेयरों का पता लगाने की कोशिश कर रहा था, जो गिरावट का विरोध कर रहे थे। मैंने तर्क दिया कि अगर वे धारा के खिलाफ तैर सकते थे, तो ये वो शेयर थे, जो धारा के बदलने पर सबसे तेजी से आगे बढ़ेंगे।

कुछ समय बाद, जब बाजार में पहला शुरुआती ब्रेक समाप्त हो गया, तब मेरा अवसर आया। कुछ शेयरों में गिरावट का विरोध करना शुरू कर दिया। वे फिर भी गिर गए, लेकिन जहाँ सामान्य बाजार के मिजाज का अनुसरण करते हुए बहुमत में शेयर आसानी से गिर गए, इन शेयरों ने बेमन से हथियार डाले। मैं उनकी अनिच्छा को लगभग महसूस कर सकता था।

निकट से जाँच करने पर मैंने पाया कि इनमें से अधिकांश कंपनियाँ ऐसी थीं, जिनकी कमाई का रुझान तेजी से ऊपर की ओर इशारा कर रहा था। निष्कर्ष स्पष्ट था—पूँजी इन शेयरों में प्रवाहित हो रही थी, खराब बाजार में भी। यह पूँजी कमाई में सुधार का ऐसे पीछा कर रही थी, जैसे एक कुत्ता एक गंध का करता है। इस खोज ने मेरी आँखें एक पूरी तरह से नए परिप्रेक्ष्य की ओर खोल दीं।

मैंने देखा कि यह सच है कि स्टॉक कमाई की शक्ति के गुलाम होते हैं। नतीजतन, मैंने तय किया कि हालाँकि स्टॉक की किसी भी गतिविधि के पीछे कई कारण हो सकते हैं, मैं केवल एक पर नजर रखूँगा—कमाई की शक्ति में सुधार या उसकी प्रत्याशा। ऐसा करने के लिए मैं अपने तकनीकी दृष्टिकोण का विवाह कट्टरपंथी दृष्टिकोण से करूँगा। मैं बाजार में स्टॉक का चयन उनकी तकनीकी काररवाई के आधार पर करूँगा, लेकिन मैं उन्हें केवल तभी खरीदूँगा, जब मैं ऐसा करने के लिए अपने मूलभूत कारण के रूप में कमाने की बेहतर शक्ति दे पाऊँगा।

इस प्रकार मैं अपने 'तकनीकी-कट्टरपंथी सिद्धांत' पर पहुँचा, जिसका मैं आज भी उपयोग कर रहा हूँ।

जहाँ तक व्यावहारिक अनुप्रयोग का प्रश्न था, मैंने 20 साल का दृश्य लेने का निर्णय लिया। इसका मतलब यह नहीं था कि मैं 20 साल के लिए स्टॉक रखना चाहता था। इससे अधिक मेरे इरादों के विपरीत कुछ नहीं था। लेकिन मैं उन शेयरों की तलाश में था, जो भविष्य के साथ बँधे थे और जहाँ मैं उम्मीद कर सकता था कि क्रांतिकारी नए उत्पाद कंपनी की कमाई में तेजी से सुधार करेंगे।

कुछ उद्योग तुरंत स्पष्ट हो जाते थे, जैसे—इलेक्ट्रॉनिक्स, मिसाइल, रॉकेट ईंधन। वे तेजी से विस्तार कर रहे, शिशु उद्योग थे और यदि कुछ अप्रत्याशित नहीं होता है, तो उनका विस्तार जल्द ही बाजार में दिखाई देना चाहिए था। शेयर

बाजार के इतिहास में मेरे शोध से, मुझे पता था कि स्टॉक्स ऑफ द फ्यूचर (भविष्य के स्टॉक) को संचालित करनेवाले बुनियादी सिद्धांत वॉल स्ट्रीट में हमेशा अच्छी स्थिति में रहे हैं। ऑटोमोबाइल से पहले के वर्षों में, स्मार्ट ऑपरेटर रेलमार्गों में चले गए, क्योंकि उन्हें पता था कि ये कवर्ड वैगन और स्टेज कोच को पीछे छोड़ देंगे। लगभग एक पीढ़ी के बाद, चतुर निवेशक रेलमार्ग से ऑटोमोबाइल में चले गए। जनरल मोटर्स और क्रिसलर जैसी आगे देख रही, विस्तार कर रही कंपनियाँ उस समय तुलनात्मक रूप से छोटी फर्में थीं। लेकिन वे भविष्य का प्रतिनिधित्व करती थीं। उस समय उन्हें खरीदने और उनके विस्तार की अवधि के दौरान उनके साथ बने रहनेवाले लोगों ने बहुत पैसे कमाए। अब ये अच्छी तरह से स्थापित स्टॉक हैं। ये आगे देख रहे सट्टेबाज के लिए नहीं हैं।

आज भी ऐसा ही है, मैंने तर्क किया। प्रसन्नचित्त भविष्य के सामान्य सिद्धांत पर, जो स्टॉक गतिशील भविष्य के विकास का वादा करते हैं, उन्हें दूसरों की तुलना में बेहतर व्यवहार करना चाहिए। एक मजबूत स्टॉक, जो जेट युग के अनुरूप है, 20 वर्षों में 20 गुना अधिक हो सकता है।

मैं जानता था कि इस तरह के स्टॉक में निश्चित फैशन होते थे, जैसे कि महिलाओं के कपड़ों में होते हैं और अगर मैं सफल होना चाहता था तो फैशनेबल स्टॉक की खोज करना महत्त्वपूर्ण था।

महिलाओं के फैशन बदलते हैं और उसी तरह शेयरों में भी फैशन बदलते हैं। महिलाएँ हर दो या तीन साल में अपनी हेमलाइन लगभग एक या दो इंच बढ़ाएँगी या कम करेंगी।

शेयरों के साथ भी ऐसा ही है। जब फैशन बना रहता है, आगे देख रहे निवेशक अंदर आते हैं और रुके रहते हैं। फिर धीरे-धीरे फैशन फीका पड़ता है और वे बाहर हो जाते हैं। वे अपने पैसे एक नई शैली के स्टॉक में डालते हैं। मैं जानता था कि मुझे इन फैशन बदलावों पर उत्सुकता से नजर रखनी चाहिए, वरना जब नए स्टॉक अपने घुटने दिखा रहे होंगे, तब भी मैं एक लंबी-स्कर्टवाले स्टॉक को लेकर बैठा रहूँगा। और यदि मैं बहुत सतर्क नहीं रहा, तो बड़ी छाती युग (बिग बॉसम एरा) की तरह किसी सनसनीखेज रूप से नई चीज से वंचित रह सकता था।

यह इतना काल्पनिक नहीं है, जितना यह लग सकता है। एक ऑटोमोबाइल की तरह एक पौराणिक उत्पाद लीजिए, जो उड़ भी सकता है। हर कोई उस कंपनी के स्टॉक के लिए भाग रहा है। फिर भी ओरेगन में एक परिवर्तित अस्तबल में दो लोग एक आविष्कार पर काम कर रहे हैं, जो उड़नेवाली कार को बहुत पीछे छोड़ देगा।

जब यह बाजार के लिए तैयार हो जाएगा और इसे सँभालने के लिए एक कंपनी बना ली जाएगी, तो मूल उड़न कार को अलग कर दिया जाएगा। उसका स्टॉक नीचे गिरना शुरू कर देगा। वह पुराने जमाने की हो जाएगी।

यह एक अति-सरलीकरण है और इस समस्या को हल नहीं करता है—इस वर्ष के फैशन में कैसे खरीदें? मैं केवल संकेतों के लिए बाजार को ध्यान से देखकर ऐसा कर सकता था। यदि फैशन लंबी स्कर्ट से दूर जाता प्रतीत हो रहा है, तो उसकी जगह लेने के लिए कुछ अन्य फैशनेबल होने जा रहे स्टॉक तैयार होने चाहिए।

मुझे जो करना था, वह था उन शेयरों की तलाश करना, जो इसीलिए ऊपर लहराएँगे, क्योंकि उन्होंने भविष्य के लिए लोगों की कल्पना को उत्तेजित किया था।

इस सोच के आधार पर, मैंने जेट युग के अनुरूप स्टॉक के विस्तार के इस सामान्य वर्ग में स्टॉक मार्केट कोटेशन ध्यान से देखे। मुझे कंपनी के व्यक्तिगत उत्पादों में कोई दिलचस्पी नहीं थी, चाहे वह रॉकेट के लिए धातु हो, ठोस ईंधन हो या उन्नत इलेक्ट्रॉनिक उपकरण। वास्तव में, मैं यह नहीं जानना चाहता था कि वे क्या बनाती थीं—यह जानकारी केवल मुझे रोक सकती थी। मुझे इस बात से कोई फर्क नहीं पड़ता था कि कंपनी के उत्पाद क्या थे, वैसे ही, जैसे मुझे यह तथ्य प्रभावित नहीं करता था कि बोर्ड के अध्यक्ष की एक सुंदर पत्नी थी। लेकिन मैं यह अवश्य जानना चाहता था कि क्या यह कंपनी एक नए जोरदार शिशु उद्योग से संबंधित थी और क्या यह मेरी आवश्यकताओं के अनुसार बाजार में व्यवहार कर रही थी।

यह निश्चित रूप से रूढ़िवादी पृष्ठभूमिवाले कई वित्तीय लेखकों की सलाह के विरुद्ध था, जो पीढ़ियों से निवेशकों के दिमागों में भर रहे थे कि उन्हें

कंपनी की रिपोर्टों और बैलेंस शीटों का अध्ययन करना चाहिए, एक स्टॉक की पृष्ठभूमि के बारे में जितना हो सके, पता लगाना चाहिए, ताकि वे एक बुद्धिमत्तापूर्ण निवेश कर सकें।

मैंने तय किया कि यह मेरे लिए नहीं था। एक कंपनी की रिपोर्ट और बैलेंस शीट आपको केवल अतीत और वर्तमान बता सकती हैं। वे भविष्य नहीं बता सकतीं। और मुझे इसी के लिए अपनी योजनाएँ तैयार करनी थीं। मैंने विनम्रतापूर्वक यह भी महसूस किया कि यह केवल मेरा दृष्टिकोण था। मैं पूँजीगत लाभ की तलाश में था। लाभांश आय की तलाश करनेवाली विधवा को अन्यथा सोचना पड़ता था।

जब मैं दुनिया भर में उड़ान भर रहा था, तब मैं लगातार ऐसे शेयरों की खोज कर रहा था, जो अपने भविष्य की दृष्टि के कारण समताप मंडल में चढ़ेंगे। यह रवैया उसकी तैयारी थी, जिसको मुझे लगता है, आप उच्च-क्षेत्र ट्रेडिंग कह सकते हैं। मैं उन शेयरों की तलाश में था, जो मुझे लगता था कि नई ऊँचाई बना सकते हैं और मैंने फैसला किया कि जब वे लॉन्चिंग पैड पर चढ़ जाएँगे और ऊपर उड़ने की तैयारी कर रहे होंगे, तब मैं उन पर अपना पूरा ध्यान केंद्रित करूँगा। तब ये शेयर इतने महँगे होंगे, जितने पहले कभी नहीं थे और इसीलिए वे अगुरुओं (जिन्हें इस बारे में अधिक ज्ञान नहीं है) को बहुत महँगे लगेंगे। लेकिन वे और महँगे हो सकते थे। मैंने ऊँचा खरीदने और उससे भी ऊँचा बेचने का मन बना लिया।

अपने कठिनाई से प्राप्त हुए प्रशिक्षण का उपयोग करते हुए, मैं बहुत लगन से इन महँगे-लेकिन-सस्ते, उच्च वेगवाले स्टॉक खोजने का प्रयास कर रहा था। मैं लगातार उनकी खोज कर रहा था, क्योंकि मुझे यकीन था कि वे बेहतर बाजार के पहले संकेत पर ऊपर जाएँगे।

मैं एक दर्जन स्टॉक्स पर, जो इस श्रेणी में प्रतीत हो रहे थे, सावधानी से नजर रख रहा था, हर सप्ताह उनके उद्धरणों की जाँच करते हुए और सख्ती के किसी संकेत के लिए उनके व्यवहार का विश्लेषण करते हुए।

मैंने उनकी कीमत कारवाई का बारीकी से निरीक्षण किया और मैं किसी भी असामान्य गतिविधि के लिए भी सतर्क था। मैं मात्रा के महत्त्व को नहीं भूला था।

मैंने उच्च मूल्यवाले शेयरों में काम करने के लिए भी खुद को तैयार किया। इसकी वजह थी दलाली कमीशन। जब मैंने दरों की जाँच की, तो मुझे पता चला कि $100 के स्टॉक में $10,000 डॉलर का निवेश करना $10 के स्टॉक में निवेश करने से सस्ता था। ऐसा इसीलिए है—

मान लेते हैं कि मैं एक शेयर में अपना $10,000 निवेश करना चाहता था। मैं इसे कई तरीकों से कर सकता था। उदाहरण के लिए, मैं खरीद सकता था—

$10 स्टॉक के 1000 शेयर

या

$20 स्टॉक के 500 शेयर

या

$100 स्टॉक के 100 शेयर

न्यूयॉर्क स्टॉक एक्सचेंज कमीशन की दरें थीं—

स्टॉक का मूल्य	कमीशन प्रति 100 शेयर
$1	$6
$5	$10
$10	$15
$20	$25
$30	$35
$40	$35
$50	$40
$100	$45

मेरे $10,000 के निवेश के लिए मेरी लागत होगी (खरीद जमा बिक्री)—

$10 स्टॉक के मामले में···	$300
$20 स्टॉक के मामले में···	$250
$100 स्टॉक के मामले में···	$90

यदि मेरा क्रय बिंदु सही होता था, तो दलाल का कमीशन महत्त्वपूर्ण नहीं था। वह मेरे मुनाफे से निकल जाता था। लेकिन अगर मेरी टाइमिंग गलत होती थी और मुझे स्टॉप आउट कर दिया जाता था, तो यह दूसरी बात थी। फिर दो कमीशन, एक खरीदने के लिए और एक बेचने के लिए, मेरे नुकसान में जोड़ने पड़ते थे। इसीलिए जैसा कि आप देख रहे हैं, अगर मैं अधिक कीमतवाले शेयर खरीदता तो मेरी गलतियाँ बहुत कम महँगी होतीं।

जब मैं बाजार को लगातार डूबते हुए देख रहा था, तो मैं जानता था कि यह हमेशा के लिए नहीं डूब सकता। देर-सवेर शेयरों का ऊपर की ओर बढ़ना शुरू हो जाएगा। वे हमेशा ऐसा ही करते थे। बेयर मार्केट के बाद हमेशा बुल मार्केट आता था। शिक्षित कला थी पहले संकेतों पर नजर रखना, सुनिश्चित करना कि वे असली थे और इससे पहले कि हर किसी का उस पर ध्यान जाए और कीमतें बहुत अधिक बढ़ जाएँ, उसे खरीद लेना।

मेरा दिमाग पीछे वाटरलू की लड़ाई पर चला गया। इस प्रसिद्ध लड़ाई में रोथ्सचाइल्ड का एक एजेंट था, जो, जैसे ही जीत निश्चित होती थी, लंदन के लिए रवाना हो गया और रोथ्सचाइल्ड को सूचित किया। रोथ्सचाइल्ड ने किसी और के यह खबर सुनने से पहले ही ब्रिटिश सरकार के हर उस शेयर को खरीदना शुरू कर दिया, जो वह खरीद सकता था। जब लोगों ने सुना, तो निश्चित रूप से शेयर के दाम आसमान छूने लगे और रोथ्सचाइल्ड ने उन्हें भारी लाभ पर बेचा। वॉल स्ट्रीट में आज भी यही सिद्धांत है। संचार बहुत तेज हो गए हैं, लेकिन प्राचीन कला अभी भी वही है—दूसरे किसी की तुलना में तेजी से प्रवेश करना।

यही वह स्थिति थी, जिसके लिए मैं खुद को पाँच वर्षों से प्रशिक्षित कर रहा था। मैं जानता था कि मैंने बहुत कुछ सीख लिया है। मेरी कनाडाई अवधि ने मुझे जुआ न खेलना सिखाया; मेरे कट्टरपंथी काल ने मुझे उद्योग समूहों और उनकी कमाई के रुझानों के बारे में सिखाया; मेरी तकनीकी अवधि ने मुझे स्टॉक की मूल्य गतिविधि और तकनीकी स्थिति की व्याख्या करना सिखाया—और अब मैंने इन सभी को एक साथ जोड़कर खुद को मजबूत बना लिया था। यह एक पेचीदा जिगसॉ पहेली के समाधान की तरह था, जहाँ अंत में सभी टुकड़े

खूबसूरती से अपनी जगहों पर आ जाते हैं। मुझे यकीन था कि यह तरीका भविष्य में सफल साबित होगा। मैं शांत और आश्वस्त महसूस करते हुए बाजार-ज्वार के पलटने का इंतजार कर रहा था।

कुछ महीनों के बाद, मैं जिस चीज का इंतजार कर रहा था, वह होने लगी। बैरन्स पढ़ते हुए, मैंने ध्यान दिया कि जबकि औसत अभी भी पिछले कई महीनों की तरह गिरावट दिखा रहें थे, लेकिन कुछ शेयरों में ऊपर झाँकना शुरू कर दिया था, लगभग उतने ही चुपचाप तरीके से जितने कि एक सर्दी की सुबह प्रिमरोज की कलियाँ। यह अभी भी एक सवाल था कि क्या ये कोमल कलियाँ बच जाएँगी या ठंड से मारी जाएँगी। लेकिन जब मैंने इस धीमी जागृति पर ध्यान दिया, तो मुझे इस बेबी बेयर बाजार के अंत का अहसास होने लगा—कम-से-कम कुछ शेयरों के लिए।

हालाँकि मुझे एक बात पर संदेह था और वह यह था कि पिछले बाजार के लीडर शायद फिर से नेतृत्व नहीं करेंगे। मुझे यकीन से महसूस हो रहा था कि उन्होंने इतिहास में अपनी जगह पूरी कर ली है और वे—कम-से-कम अभी—उन बुलंद ऊँचाइयों तक नहीं पहुँचेंगे, जो उन निवेशकों के लिए इतना सारा पैसा लेकर आई थी, जिन्होंने उनका अनुसरण किया था।

मुझे नए स्टॉक खोजने थे। बाद में यह सही साबित हुआ, क्योंकि इस अवधि के दौरान बाजार के उद्धरणों में छिपे कुछ स्टॉक थे, जिनमें स्पष्ट रूप से किसी की बहुत ज्यादा रुचि नहीं थी। उस समय, नवंबर 1957 में, मुझे निश्चित रूप से उनमें कोई दिलचस्पी नहीं थी। मैंने शायद ही उनके बारे में सुना था। वो थे—

यूनिवर्सल प्रोडक्ट्स	20 पर उद्धृत
थिओकोल केमिकल	64 पर उद्धृत
टेक्सस इंस्ट्रूमेंट्स	23 पर उद्धृत
जेनिथ रेडियो	116 पर उद्धृत
फेयरचाइल्ड कैमरा	19 पर उद्धृत

ये स्टॉक मृत नहीं थे। वे केवल अजनमे की आशाजनक नींद सो रहे थे। एक दिन जल्द ही जागना उनकी किस्मत में था। वे बाजार के एक नए नेतृत्व में छलाँग लगाने जा रहे थे। वे मेरे लिए $20,00,000 बनाने जा रहे थे।

□

7

सिद्धांत काम करना शुरू कर देता है

जबकि अधिकांश वॉल स्ट्रीट के शेयरों में भटकाव या गिरावट आ रही थी, मैंने दुनिया के अपने नृत्य दौरे को जारी रखा। नवंबर 1957 में मैं साइगॉन में 'आर्क एन सिएल' में प्रस्तुति देनेवाला था, जब मेरा ध्यान बैरन्स में लोरिललार्ड नाम के एक शेयर पर गया, जिससे मैं अनजान था।

तब मुझे नहीं पता था कि वे फिल्टर टिप सिगरेट के एक विशेष ब्रांड के निर्माता थे और फिल्टर टिप का जुनून अमेरिका पर छानेवाला था, जिससे उनका उत्पादन वृहद रूप से छलाँग लगानेवाला था। साइगॉन में होने से, मैं केवल इतना जानता था कि लोरिललार्ड ने एक बीकन की तरह डूबते शेयरों के दलदल से निकलना शुरू किया था। खराब बाजार के बावजूद, इसने 17 से बढ़ना शुरू किया, जब तक कि अक्तूबर के पहले सप्ताह में, इसने खुद को संकीर्ण बॉक्स 24/27 में स्थापित नहीं कर लिया। उस सप्ताह के लिए इसकी मात्रा 1,26,700 शेयर थी, जो वर्ष की शुरुआत में इसके सामान्य 10,000 शेयरों के बिल्कुल विपरीत थी।

मूल्य में लगातार वृद्धि और उच्च मात्रा ने मुझे संकेत दिया कि इस शेयर में निवेशकों की जबरदस्त रुचि थी। जहाँ तक इसके मूल सिद्धांतों की बात थी, जैसे ही मुझे उनके 'केंट' और 'ओल्ड गोल्ड' सिगरेट की व्यापक स्वीकृति के बारे में पता चला, मैं संतुष्ट हो गया। मैंने फैसला किया कि अगर यह 27 से ऊपर जाने के संकेत देता है तो मैं इसे खरीद लूँगा।

मैंने अपने ब्रोकर से मुझे दैनिक उद्धरण टेलीग्राम करने के लिए कहा। इन उद्धरणों से जल्दी ही यह स्पष्ट हो गया कि कुछ जानकार लोग बाजार की सामान्य अवस्था के बावजूद इस स्टॉक में प्रवेश करने की कोशिश कर

रहे थे। उस समय कुछ ही लोगों को यह हलका सा संकेत था कि लोरिललार्ड वॉल स्ट्रीट में इतिहास बनानेवाला था और एक अपेक्षाकृत कम समय में सबसे अद्‍भुत ऊँचाई पर जानेवाला था, जिसे देखकर वित्तीय समुदाय का मुँह हैरानी से खुला रह जानेवाला था।

हम बेबी बेयर मार्केट की गहराई में थे और वातावरण काफी उदास था। लेकिन, जैसे कि सामान्य निराशावाद से बेपरवाह, लोरिललार्ड खुशी से अपने छोटे से पिंजरे में ऊपर–नीचे कूद रहा था।

नवंबर 1957 के मध्य तक यह और भी अधिक स्वतंत्र हो गया और ऊपर उस दिशा में चढ़ने लगा, जो मैंने अनुमान लगाया कि 27/32 बॉक्स होगा। सामान्य कमजोरी के सामने यह अकेली ताकत मेरे लिए बहुत प्रभावशाली थी। मुझे लगा कि मेरे पास इसकी ताकत का पर्याप्त सबूत है और मैंने एक बेयर मार्केट में एक बुल बनने का फैसला किया। मैंने बैंकॉक से निम्न टेलीग्राम भेजा—

26 स्टॉपलॉस के साथ 200 लोरिललार्ड 27½ ऑन स्टॉप खरीदें

जैसा कि आप देख रहे हैं, हालाँकि मैं अपने तकनीकी और मौलिक दृष्टिकोणों के विलय के साथ अपने फैसले में काफी सुरक्षित महसूस कर रहा था, लेकिन मैंने एक पल के लिए भी अपने मुख्य रक्षात्मक हथियार को छोड़ने पर विचार नहीं किया—स्टॉप लॉस ऑर्डर। आपका घर चाहे जितनी भी मजबूती से बना हो, आप उसका आग के खिलाफ बीमा करवाना नहीं भूलेंगे।

कुछ दिनों के भीतर, मुझे पुष्टि मिली कि मैंने 27½ में 200 लोरिललार्ड खरीद लिये हैं। मैं अपनी खरीद से बहुत संतुष्ट था और खुद को एक बड़े उदय के लिए तैयार करने लगा।

वह आया, लेकिन जिस तरह से मैंने उसका आकलन किया था, वैसे नहीं। मेरा पहला अनुभव बेहद निराशाजनक था। मंगलवार, 26 नवंबर को स्टॉक गिरकर ठीक 26 के मेरे स्टॉप लॉस पर चला गया और बेच दिया गया। चोट में अपमान को जोड़ते हुए, मेरे स्टॉप आउट होने के कुछ ही सेकंड बाद, उसने बढ़ना शुरू कर दिया और 26¾ पर बंद हुआ।

हालाँकि प्रतिक्रिया इतनी कम अवधि की थी और उसके बाद की वृद्धि

इतनी दृढ़ता से हुई कि मैंने उसमें वापस जाने का फैसला किया। उसी हफ्ते मैंने अपने शेयर 28¾ पर वापस खरीद लिये। एक बार फिर मैंने अपना स्टॉप लॉस 26 पर तय किया।

लेकिन इस बार, लोरिललार्ड का व्यवहार एकदम सही था। जैसे-जैसे दिन बीतते गए, मुझे यह देखकर संतोष हुआ कि कोटेशन कभी मेरे स्टॉप लॉस के करीब नहीं आए। यह एक ठोस संकेत था कि मैं सही रास्ते पर था और यह कि मेरा सिद्धांत इस शेयर पर लागू हो रहा था।

मैं सही साबित हुआ। दिसंबर 1957 में, लोरिललार्ड 30 से ऊपर चला गया और एक नया 31/35 बॉक्स बनाया। अतीत में इसी तरह की स्टॉक गतिविधियों के साथ मेरे अनुभवों ने मुझे बताया कि वह जमा हो रहा था। मुझे लगा कि मेरे पास सही स्टॉक था। अब सवाल सही समय पर अधिक धन के साथ उसमें शामिल होने का था।

मैं अपने दैनिक उद्धरणों को ध्यान से देख रहा था। मैं सही समय की तलाश में था, जैसे एक योद्धा प्रहार करने के लिए शुरुआत की तलाश में होता है। जनवरी के अंत की ओर, एक गलत चाल के बाद, एक बड़ी उछाल, जिसकी मुझे उम्मीद थी, आई और लोरिललार्ड ने निर्णायक रूप से अपने बॉक्स से बाहर निकलना शुरू कर दिया।

यह आदर्श क्षण प्रतीत हो रहा था। सबकुछ उत्साहजनक था—तकनीकी काररवाई, बुनियादी बातें, पैटर्न। इसके अलावा, न्यूयॉर्क स्टॉक एक्सचेंज ने अपनी मार्जिन आवश्यकताओं को 70 प्रतिशत से घटाकर 50 प्रतिशत कर दिया था। इसका मतलब यह था कि मेरी सीमित पूँजी में अब पहले से बहुत अधिक क्रय शक्ति थी। प्रत्येक 1,000 डॉलर 2,000 डॉलर मूल्य के शेयर खरीद सकते थे। यह मेरे लिए महत्त्वपूर्ण था, क्योंकि मुझे एक दूसरे स्टॉक के लिए, जिस पर मैं उस समय नजर रख रहा था, मेरी पूँजी की आवश्यकता थी।

मैं बैंकॉक से जापान जा रहा था। मैंने वहाँ से मेरी होल्डिंग्स में और 400 शेयर जोड़ने के लिए टेलीग्राम भेजे। ये मेरे लिए 35 और 36½ में खरीदे गए थे।

इसके बाद के सप्ताहों में स्टॉक का व्यवहार अनुकरणीय रहा। अपने सिद्धांत को व्यवहार में सही साबित होते देखना रोमांचक था। जब मैं दुनिया भर

में नृत्य करते हुए घूम रहा था, तब लोरिललार्ड लगातार उसके बॉक्स में नाच रहा था। वह थोड़े समय के लिए ऐसा करता, और फिर, एक त्रुटिहीन, लगभग अनुमानित धक्के के साथ ऊपर के बॉक्स में चला जाता था। लोरिललार्ड बक्से एक सुंदरता से निर्मित पिरामिड की तरह एक-दूसरे के ऊपर जमा होने लगे। मैं उन्हें मोहित होकर देख रहा था। मैंने कभी एक स्टॉक को इतनी अच्छी तरह से व्यवहार करते नहीं देखा था। यह ऐसे काम कर रहा था, जैसे कि मेरा सिद्धांत इसी के चारों ओर बनाया गया था।

17 फरवरी, 1958 को, लोरिलार्ड 44⅜ तक उछल गया। मैं खुद से और स्टॉक से बहुत खुश महसूस कर रहा था, जब दो दिन बाद, मुझे टोक्यो में एक टेलीग्राम मिला, जिसने मुझे डरा दिया।

एक ही दिन में मेरा स्टॉक 36¾ के निचले स्तर पर चला गया था और 37¾ पर बंद हुआ। मैं चकरा गया। यह कदम पूरी तरह से अप्रत्याशित था। मुझे नहीं पता था कि इसे कैसे समझाऊँ। मैंने जल्दी से न्यूयॉर्क टेलीग्राम किया और अपने स्टॉप लॉस को 36 तक बढ़ा दिया, जो दिन के समापन मूल्य से 2 अंक कम था। मुझे लगा कि अगर यह वहाँ गिरा, तो मेरा स्टॉक बेच दिया जाएगा और फिर भी मैं अपनी पहली खरीद पर अच्छा लाभ कमा लूँगा।

चूँकि मैं टोक्यो में था, मुझे वॉल स्ट्रीट की अफवाहों का पता नहीं चल सका, जिन्होंने उस दिन स्टॉक को नीचे गिरा दिया था। मुझे बस इतना पता था कि इसने बहुत बुरा प्रदर्शन किया है। बाद में मुझे पता चला कि एक रिपोर्ट में कहा गया था कि फिल्टर टिप्स फेफड़े के कैंसर के खिलाफ इतने प्रभावकारी नहीं थे, जितना कि उनके होने का दावा किया गया था और इसीलिए बहुत सारे लोग घबराकर स्टॉक से बाहर हो गए थे।

सौभाग्य से, धक्का बहुत कम था और मेरा स्टॉप लॉस छुआ नहीं गया था। इसने मुझे स्टॉक की शक्ति के बारे में आश्वस्त किया और मैंने अतिरिक्त 400 शेयर खरीदने का फैसला किया। मैंने 38⅝ का भुगतान किया।

लगभग तुरंत हमने इस कीमत को पीछे छोड़ दिया। फिर ये उद्धरण आए—39¾-40¼-42.

मैं बहुत खुश था। मुझे लग रहा था, जैसे मैं एक नए विकास में भागीदार

बन गया हूँ। सबकुछ ऐसा लग रहा था, जैसे मैंने इसकी योजना बनाई थी।

यही वह समय था, जब मैंने अपने ब्रोकर से एक प्रसिद्ध सलाहकार सेवा की तीन सप्ताह की प्रतियाँ प्राप्त की थीं। सप्ताह-दर-सप्ताह यह सेवा अपने ग्राहकों को लोरिललार्ड की शॉर्ट सैलिंग करने की अपील कर रही थी। तीसरी सिफारिश कुछ इस तरह थी—

"लोरिललार्ड स्पष्ट रूप से पिछले सप्ताह लगभग 44 वितरण के अधीन था, जब हमने आपको इसे शॉर्ट साइड पर शुरू करने के लिए कहा था।"

इसने मुझे चकित कर दिया, लेकिन बहुत पहले ही मेरा सलाहकार सेवाओं से इतना मोहभंग हो गया था कि मैंने इस पर ध्यान नहीं दिया था।

इसके बजाय मैंने लोरिललार्ड की सिफारिश हर उस अमेरिकी पर्यटक से करनी शुरू कर दी, जो मेरे सामने स्टॉक मार्केट का उल्लेख करता था। मैं वास्तव में मददगार बनने की कोशिश कर रहा था। बैंकॉक के इरावन होटल में एक दिन जो हुआ, वह मेरे उत्साह को सबसे अच्छी तरह दरशाता है। एक दोपहर लंच पर मुझे एक बहुत बड़ी अमेरिकी शिपिंग कंपनी के अध्यक्ष से मिलवाया गया। हमारी बातचीत के दौरान उन्होंने उल्लेख किया कि स्टॉक मार्केट में उनकी हिस्सेदारी $30,00,000 थी। यह निम्नलिखित तरीके से तोड़ी गई थी—

$2,500,000 मूल्य का स्टैन्डर्ड ऑयल (न्यू जर्सी)

$5,00,000 मूल्य का लोरिललार्ड

"आप इसके बारे में क्या सोचते हैं?" उन्होंने पूछा। मैं इसके बारे में क्या सोचता था? वे एक बेहतर आदमी से नहीं पूछ सकते थे।

मैंने तुरंत उनसे कहा कि वह जर्सी स्टैन्डर्ड में अपनी सभी होल्डिंग्स बेच दें और अपनी पूँजी को लोरिललार्ड में डाल दें। मैंने भी यही किया होता।

एक साल बाद मैं उनसे न्यूयॉर्क में एक पार्टी में मिला, लोरिललार्ड उस समय 80 से ऊपर था।

"आपकी नवीनतम शेयर बाजार सलाह क्या है?" उन्होंने मुझसे पूछा।

"सलाह?" मैंने कहा। मैं आश्चर्यचकित था। "क्या वह 30,00,000 डॉलर मूल्य की सलाह, जो मैंने आपको बैंकॉक में दी थी, पर्याप्त नहीं थी?"

"होती," उन्होंने कहा, "अगर मैंने उसका पालन किया होता।"

मार्च 1958 के तीसरे सप्ताह में, लोरिललार्ड ने एक और भी निश्चित ऊपरी छलाँग में प्रवेश किया। उसने एक सप्ताह में 4⅛ अंकों की छलाँग लगाई, उसकी मात्रा बढ़कर आश्चर्यजनक 3,16,600 हो गई और उसने स्वयं को 50–54 बॉक्स में निर्णायक रूप से स्थापित कर लिया।

अप्रैल के दूसरे सप्ताह में लोरिललार्ड ने अपना नया बॉक्स छोड़ दिया। वह 55¼ की नई ऊँचाई पर पहुँच गया, लेकिन तुरंत ही अपने पिछले 50/54 बॉक्स में वापस आ गया। चूँकि मैं एक और खरीद पर विचार नहीं कर रहा था, इसीलिए इसने मुझे अनावश्यक रूप से परेशान नहीं किया। हालाँकि मैंने सावधानीपूर्वक अपना स्टॉप लॉस 49 तक बढ़ा दिया।

मैं भी एक पल के लिए डगमगाया, बेचने की कगार पर, लेकिन मैंने इसके खिलाफ फैसला किया।

अब तक मैंने खुद को धैर्य रखने के लिए प्रशिक्षित कर लिया था, और हालाँकि मैं अपनी शुरुआती खरीद पर प्रति शेयर $20 का आसान लाभ ले सकता था, लेकिन मैं बहुत जल्दी लाभ नहीं लेने के लिए दृढ़ होकर रुका रहा।

लोरिललार्ड के लिए मेरी लागत के आँकड़े थे—

200 शेयर 28¾ पर	$5,808.76
200 शेयर 35 पर	7,065.00
200 शेयर 36½ पर	7,366.50
400 शेयर 38⅝ पर	15,587.24
कुल 1,000 शेयर	$35,827.50

मैंने अंतिम तीन खरीदे 50 प्रतिशत के मार्जिन पर। इसने मुझे अपनी शेष पूँजी को आगे के निवेश के लिए बनाए रखने में सक्षम बनाया, जो कि डाइनर्स क्लब नाम का एक शेयर निकला। मुझे पहली बार साल के अंत में इस शेयर में दिलचस्पी हुई, जबकि मैं अभी भी लोरिललार्ड के साथ संघर्ष कर रहा था।

डाइनर्स क्लब अभी-अभी 2-के लिए-1 पर विभाजित हुआ था और

जनवरी 1958 के अंतिम सप्ताह में उसकी साप्ताहिक मात्रा 23,400 हो गई, जो मेरे विचार से इस स्टॉक के लिए असामान्य रूप से उच्च थी।

चूँकि मात्रा में यह वृद्धि मूल्य में बढ़त के साथ हुई थी, मैंने स्टॉक की बुनियादी बातों की जाँच करने का फैसला किया। वे आश्वस्त कर रही थीं। कंपनी का एक विस्तार कर रहे क्षेत्र में लगभग एकाधिकार था। क्रेडिट कार्ड प्रणाली, जिसमें यह एक अग्रणी थी, दृढ़ता से स्थापित थी। कंपनी की कमाई में भी निश्चित रूप से ऊपर जाने की प्रवृत्ति थी। इन कारकों को ध्यान में रखते हुए, मैंने 24½ पर 500 शेयर खरीद लिये। मेरा स्टॉप लॉस 21⅝ था।

अब सवाल था कि स्टॉक किस दिशा में जाएगा। मेरी पहली लोरिललार्ड खरीद मुझे पहले ही एक मुनाफा दिखा चुकी थी और मैंने विचार किया कि अगर बुरे-से-बुरा हुआ, तो मैं उसे डाइनर्स क्लब पर खो दूँगा। परंतु ऐसा नहीं हुआ। मेरी खरीद के कुछ दिनों बाद, स्टॉक आगे बढ़ने लगा।

मेरे सिद्धांत के अनुसार, मैंने तुरंत 500 शेयर और खरीद लिये—26⅛ पर। दोनों खरीदों पर मैंने नए 50 प्रतिशत मार्जिन का लाभ उठाया।

पैटर्न आदर्श रूप से विकसित हुआ—पहले एक 28/30, फिर एक 32/36 बॉक्स। अंतिम प्रविष्टि के साथ सप्ताह के लिए 52,600 शेयरों की मात्रा थी। यह नव-विभाजित स्टॉक के इतिहास में किसी अन्य सप्ताह की मात्रा से अधिक था।

जब मैं अपने मुनाफे को बढ़ते हुए देख रहा था, मैं एक पल के लिए भी इस वृद्धि के पीछे अपने स्टॉप लॉस इंश्योरेंस को देखना नहीं भूला। पहले मैंने इसे 27 तक बढ़ाया, फिर 31 तक।

मार्च के चौथे सप्ताह में स्टॉक ने एक नए 36½ /40 बॉक्स में प्रवेश किया और खुद को वहाँ स्थापित करता प्रतीत होने लगा। मैंने डाइनर्स क्लब में अपनी स्थिति का सारांश निकाला। मैंने यह स्टॉक खरीदा था—

500 शेयर 24½ पर	$12,353.15
500 शेयर 26⅛ पर	$13,167.65
कुल 1,000 शेयर	$25,520.80

मुझे अब तक $10,000 से अधिक का मुनाफा हो चुका था। फिर भी, मेरे

सिद्धांत के अनुसार, मुझे रुके रहना था। स्टॉक ऐसा व्यवहार कर रहा था, जैसे कि वह और ऊँचा जाएगा। हर संकेत इस ओर इशारा कर रहा था।

लेकिन अचानक, अप्रत्याशित रूप से, मेरे टेलीग्राम अलग दिखने लगे। यह समझना मुश्किल था कि क्यों, लेकिन मैं असहज महसूस करने लगा। शायद शेयर ने ऊपर जाने की अपनी इच्छा खो दी थी। ऐसा लग रहा था कि उसका अंतिम पिरामिड पलटने की कगार पर डगमगानेवाला था। वह लुढ़कने के लिए लगभग तैयार लग रहा था। तो किसी ढहने की स्थिति में न फँसने के लिए, मैंने अपना स्टॉप लॉस 36⅜ के असामान्य रूप से संकीर्ण मार्जिन तक बढ़ाने का फैसला किया।

अप्रैल के चौथे सप्ताह में, जिस घटना के खिलाफ मैंने खुद का बीमा कराया था, वह हो गई, डाइनर्स क्लब ने अपने बॉक्स की निचली सीमा तोड़ दी और मेरा स्टॉक बेच दिया गया। मुझे $35,848.85 प्राप्त हुए। मैंने $10,328.05 का समग्र लाभ कमाया था।

पहली बार—जब मैं टोक्यो में इंपीरियल होटल में अपने कमरे में अपने हाथ में टेलीग्राम लिए बैठा था, जो कह रहा था कि मैंने $10,000 का लाभ कमाया है—मुझे लग रहा था कि पिछले कुछ वर्षों का मेरा सारा अध्ययन और चिंता सार्थक हो गई थी। मैंने ऊपर चढ़ना शुरू कर दिया था।

छह सप्ताह बाद मुझे ऐसी खबर मिली, जिसने कुछ मायनों में मुझे $10,000 के लाभ से अधिक प्रफुल्लित किया, क्योंकि वह मेरे दृष्टिकोण के तकनीकी पक्ष की पूरी तरह से पुष्टि कर रही थी। यह आधिकारिक तौर पर घोषित किया गया था कि अमेरिकन एक्सप्रेस ने डाइनर्स क्लब के एक प्रतिद्वंद्वी को उतारने का फैसला किया था। यही 36 के निशान के निकट स्टॉक की झिझक का कारण था। कुछ लोगों को घोषणा से पहले इसकी जानकारी थी और वे अपने स्टॉक बेच रहे थे। इस बार इसके बारे में जाने बिना, मैं उनका पार्टनर था।

सुदूर-पूर्व में होने के कारण, मैं संभवतः किसी भी प्रतिद्वंद्वी संगठन की स्थापना के बारे में नहीं जान सकता था। फिर भी मूल्य काररवाई पर आधारित मेरी प्रणाली के तकनीकी पक्ष ने मुझे बाहर निकलने की चेतावनी दे दी थी।

लोरिललार्ड और डाइनर्स क्लब के साथ बिताए पूरे समय के दौरान, मैंने बैरन्स में अन्य शेयरों के उद्धरणों पर नजर रखना कभी नहीं छोड़ा था। इससे

मुझे यह दिखना शुरू हुआ कि ई.एल. ब्रूस, एक छोटी सी मेम्फिस फर्म के स्टॉक में लोगों की बड़ी दिलचस्पी पैदा होने लगी थी। इस स्टॉक को अमेरिकी स्टॉक एक्सचेंज पर उद्धृत किया गया था। करीब से जाँच करने पर मुझे पता चला कि कंपनी हार्डवुड फ्लोरिंग बनाती थी। यह निश्चित रूप से मेरी मूलभूत आवश्यकताओं में फिट नहीं होता था, लेकिन तकनीकी पैटर्न इतना सम्मोहक था कि मैं उससे अपनी आँखें नहीं हटा पाया।

हैरानी मुझे वॉल स्ट्रीट पर ई.एल. ब्रूस की गतिविधि से हुई। यह आमतौर पर एक सप्ताह में 5,000 शेयरों से नीचे कारोबार करता था। फिर यह अचानक जाग गया और चलना शुरू कर दिया। अप्रैल 1958 के दूसरे सप्ताह में, इसकी मात्रा आश्चर्यजनक रूप से 19,100 शेयर हो गई। इसके बाद साप्ताहिक मात्रा 41,500–54,200–76,500 शेयरों तक पहुँच गई, जबकि मूल्य नीचे की ओर प्रतिक्रिया के किसी संकेत के बिना 5 से 8 अंक की साप्ताहिक उछाल पर था।

ब्रूस फरवरी में 18 से मई की शुरुआत में 50 तक चला गया। इसके बाद ही इसकी पहली प्रतिक्रिया आई, जो इसे 43½ पर वापस ले गई। मैं यकीन से नहीं कह सकता था, लेकिन यह प्रतिक्रिया मुझे केवल एक अस्थायी ठहराव, ईंधन भरने के लिए विराम जैसी लग रही थी। मुझे लग रहा था कि यह बढ़ना जारी रखेगा। मैंने एक मौलिक कारण खोजने की कोशिश की, लेकिन मैं नहीं कर पाया। फिर भी यहाँ मात्रा थी, मूल्य काररवाई थी और बढ़त की लय भी थी।

मैं एक अँधेरे थिएटर में बैठे हुए एक आदमी की तरह महसूस करने लगा, जो एक थ्रिलर पर से परदा उठने की प्रतीक्षा कर रहा था। टोक्यो से कलकत्ता की उड़ान में, मैं रास्ते के हर घंटे ब्रूस उद्धरणों पर सोचता रहा। इसमें अधिकांश शेयरों की तुलना में एक व्यापक, अधिक स्वतंत्र रेंज थी और मैं इसके चारों ओर एक निश्चित फ्रेम नहीं रख पा रहा था। हिंद महासागर के ऊपर उड़ते हुए, मैंने एक अपवाद बनाने का मन बना लिया। बुनियादी बातें जो भी हों, अगर यह 50 से ऊपर गया, तो मैं इसे खरीदूँगा और मैं इसे बड़ी मात्रा में खरीदूँगा।

लेकिन मुझे पैसों की आवश्यकता थी। मेरी डाइनर्स क्लब बिक्री ने मेरी कुछ पूँजी जारी की थी, लेकिन वह पर्याप्त नहीं थी। मैं अपनी बचत का उपयोग कर सकता था, लेकिन जॉन्स ऐंड लाफलिन आपदा के बाद मैंने तय कर लिया

था कि मैं कभी उससे अधिक पूँजी जोखिम में नहीं डालूँगा, जितनी मैं खुद को बरबाद किए बिना खो सकता हूँ। इसीलिए उस आपदा के बाद से मैंने अपने शो-बिजनेस की आय से फिर कभी अपनी बाजार की पूँजी में पैसे नहीं डाले।

मैं जो एकमात्र काम कर सकता था, वह था—मेरे पुराने मित्र लोरिललार्ड पर करीबी नजर रखना। क्या वह अभी भी अच्छा व्यवहार कर रहा था?

नहीं कर रहा था। उसके प्रवेश निर्णायक नहीं थे, उसकी प्रतिक्रियाएँ अधिक गहरी थीं। मैंने अपना पैसा लोरिललार्ड से निकालने का और ब्रूस में निवेश करने के लिए तैयार रहने का निर्णय ले लिया। मैंने अपने 1,000 शेयर मई में दूसरे सप्ताह में 57⅜ की औसत कीमत पर बेचे। बिक्री पर कुल मूल्य $56,880.45 थीं। सौदे में मेरा लाभ $21,052.95 था।

इसका, और साथ में उस $10,000 का, जो मैंने डाइनर्स क्लब से बनाए थे, मतलब था कि पाँच महीनों में मैंने अपनी पूँजी को लगभग दोगुना कर लिया था। मैं ब्रूस जैसे शक्तिशाली और अनिश्चित स्टॉक से निपटने के लिए एक विशालकाय हत्यारे की तरह प्रसन्न तथा गर्वित और तैयार महसूस कर रहा था।

मैंने इस लड़ाई के लिए विशेष तैयारी की। मैंने लोरिललार्ड सौदे के बाद निष्कर्ष निकाला था कि मेरी प्रणाली इतनी अच्छी तरह से काम कर रही थी कि मैं इसे एक फर्म के हाथों में नहीं देना चाहता था। मुझे लगा कि अगर कोई मेरी कार्यप्रणाली का अनुसरण करता है तो यह मेरे लिए मुश्किल हो सकता है। मैंने न्यूयॉर्क कॉल किया और दो अन्य ब्रोकरेज फर्मों के साथ खाते खोल लिये।

मई 1958 के तीसरे सप्ताह में, मैंने न्यूयॉर्क टेलीग्राम किया और मेरे स्वचालित ऑन स्टॉप खरीद ऑर्डर के साथ 50¾ पर 500 ब्रूस खरीदने के निर्देश दिए। मैंने 48 का स्टॉप लॉस डाला।

आनेवाले दिनों में स्टॉक ने इतनी खूबसूरती से काम किया कि मैंने मौजूदा 50 प्रतिशत मार्जिन स्थितियों का पूरा फायदा उठाने का फैसला किया। जब मैंने देखा कि मेरा स्टॉप लॉस नहीं छुआ गया है तो मैंने आगे की खरीद कर ली, जिनमें से प्रत्येक 47 और 48 के बीच के स्टॉप लॉस द्वारा संरक्षित थे। मैंने हिसाब लगाया कि अगर मुझे स्टॉप आउट किया गया, तो मैं केवल अपना डाइनर्स क्लब का मुनाफा गँवा सकता हूँ।

मेरी खरीद का विवरण इस प्रकार है—

500 शेयर 50¾ पर	$25,510.95
500 शेयर 51⅛ पर	25,698.90
500 शेयर 51¾ पर	26,012.20
500 शेयर 52¾ पर	26,513.45
500 शेयर 53⅝ पर	26,952.05
कुल 2,500 शेयर	**$130,687.55**

मेरा समय का हिसाब सही था, ई.एल. ब्रूस वास्तव में ऐसे चढ़ने लगा, जैसे एक चुंबक द्वारा ऊपर की ओर खींचा जा रहा हो। उसे देखते हुए, मैं उसके ऊपर जाने के तरीके पर चकित था। वह शानदार था।

मैं बस कलकत्ता में अपने दैनिक उद्धरणों को देखते हुए बैठा था। जल्दी ही उन्होंने मुझे बताया कि स्टॉक 60 से ऊपर चला गया था। थोड़ी हिचकिचाहट के बाद यह अचानक फिर से बढ़ने लगा। 13 जून तक यह 77 पर पहुँच गया था।

सुदूर भारत में भी यह स्पष्ट था कि अमेरिकी स्टॉक एक्सचेंज में कुछ शानदार हो रहा था। मुझे न्यूयॉर्क फोन करके पता करने से कि क्या चल रहा था, खुद को रोकने के लिए अपने आपसे एक कठिन लड़ाई लड़नी पड़ी। नहीं, मैंने अपने आप से कहा, जब मेरा मन मेरे ब्रोकर्स से बात करने का हुआ—इसका मतलब केवल अफवाहें होगा और तुम कुछ मूर्खतापूर्ण कर सकते हो।

किसी व्यक्ति के संकल्प और धैर्य की उससे अधिक कड़ी परीक्षा नहीं हो सकती थी, जितनी कि कलकत्ता के ग्रांड होटल में बैठकर मेरी हो रही थी, यह सोचते हुए कि वॉल स्ट्रीट क्या कर रहा था?

कुछ दिनों बाद मेरी नाखून कुतरनेवाली अधीरता न्यूयॉर्क से आए एक कॉल से आतंक में बदल गई। कॉल मेरे एक दलाल का था और उसने मेरे दिल की धड़कन को लगभग रोक दिया। उसने कहा, “उन्होंने अमेरिकी स्टॉक एक्सचेंज पर ब्रूस में व्यापार निलंबित कर दिया है।” यह सुनते ही फोन मेरे हाथ

से गिरते-गिरते बचा। मैं बहुत डर गया। ब्रूस स्टॉक में व्यापार बंद! मैंने अपनी पूरी पूँजी, $60,000 से ऊपर, उसमें निवेश की हुई थी। क्या इसका मतलब यह था कि मैंने अपना पैसा खो दिया था? मुझे उसकी बात पर ध्यान केंद्रित करने में कठिनाई हो रही थी। उसे जो कहना था, वह सुनने के लिए पर्याप्त रूप से सँभलने में कुछ समय लगा।

अपनी अंधाधुंध भागती भावनाओं के साथ मुझे यह समझने में बहुत समय लगा कि दिवालिया होना तो दूर की बात थी, मैं अब ओवर-द-काउंटर बाजार में ब्रूस को 100 डॉलर प्रति शेयर बेच सकता था। मैं पूरी तरह से उलझन में था। $100 में एक शेयर! यह क्या था?

मैं काँप रहा था, जब उसने मुझे न्यूयॉर्क से कलकत्ता टेलीफोन पर पूरी कहानी सुनाई।

वॉल स्ट्रीट के कुछ व्यापारियों ने, विशुद्ध रूप से मौलिक दृष्टिकोण पर अपने विचार आधारित करते हुए, निर्णय लिया था कि ब्रूस की बुक वैल्यू और कमाई संकेत दे रहे थे कि स्टॉक की कीमत $30 प्रति शेयर से अधिक नहीं होनी चाहिए। इसीलिए उन्होंने 45 और 50 के बीच स्टॉक को शॉर्ट बेचना शुरू कर दिया था, इस विश्वास पर कि वे इसे 30 के काफी करीब मूल्य पर वापस खरीदकर अपने सौदे को पूरा करने में सक्षम होंगे।

उन्होंने एक गंभीर गलती की, क्योंकि एक कारक था, जिसके बारे में वे नहीं जानते थे। एडवर्ड गिल्बर्ट नाम का एक न्यूयॉर्क निर्माता ब्रूस परिवार को कंपनी के नियंत्रण से बाहर करने की कोशिश कर रहा था। वह और उनके सहयोगी बकाया 3,14,600 शेयरों में से अधिकांश को प्राप्त करने की कोशिश कर रहे थे, जो ब्रूस परिवार के स्वामित्व में था। यही वह कदम था, जो कीमत में उछाल लाया था। आयतन कमाल का था और दस सप्ताह की अवधि के दौरान 2,75,000 से अधिक ब्रूस शेयरों का कारोबार किया गया था।

जिन शॉर्ट सैलर्स ने बाजार का इतना गलत आकलन किया था, वे इसे खरीदने के अपने उन्मत्त प्रयासों में एक-दूसरे को धकेलते हुए स्टॉक को इतनी ऊँचाइयों तक ले गए। वे स्टॉक की रहस्यमयी वृद्धि से अचंभित रह गए और वे अपने दायित्वों को पूरा करने के लिए किसी भी कीमत पर शेयर नहीं खरीद पाए।

अंत में, चूँकि उन्मादी सौदों के कारण एक व्यवस्थित बाजार का आश्वासन देना असंभव था, अमेरिकी स्टॉक एक्सचेंज ने व्यापार निलंबित कर दिया। लेकिन इससे हताश शॉर्ट सैलर्स को कोई फर्क नहीं पड़ा। उन्हें अभी भी स्टॉक डिलिवर करना था। अब वे ब्रूस के लिए ओवर-द-काउंटर कुछ भी भुगतान करने को तैयार थे।

मैं यह सब अचंभे में सुन रहा था। मेरे ब्रोकर ने मुझसे पूछा कि क्या, चूँकि प्रति शेयर ओवर-द-काउंटर मूल्य अब 100 था, मैं उसे इस मूल्य पर बेचने का निर्देश दूँगा?

मैंने एक बार फिर अपने दैनिक टेलीग्रामों के बारे में सोचा कि कैसे वे मेरे सामने ब्रूस की एक अद्भुत तसवीर पेंट करने लगे थे। मुझे वह संघर्ष याद आया, जो मैंने भुगता था, जब मैं खुद को यह जानने के लिए फोन करने से रोक रहा था कि वहाँ क्या हो रहा था, क्योंकि यह 'अफवाहों' के शीर्षक के तहत आता, जिन्हें मैंने कभी न सुनने की कसम खाई थी। मुझे याद आया कि कैसे मैंने अपने स्टॉक को रोक रखा था, जबकि मेरे दैनिक उद्धरण मेरे सामने ब्रूस की सनसनीखेज बढ़त को उजागर कर रहे थे और मैं नहीं जानता था कि मुझे क्या कारण चाहिए।

क्या मुझे अभी भी रुकना चाहिए? मेरे सामने एक बहुत कठिन निर्णय था। मेरे सामने एक बड़े, आकर्षक लाभ की पेशकश थी। जब मैं अपने ब्रोकर की बात सुन रहा था, तो मेरे अंदर स्टॉक बेचने की मजबूत इच्छा उत्पन्न हो रही थी। आखिरकार, 100 में बेचने का मतलब था कि मैं बहुत पैसे बनाऊँगा।

मैंने उसको सुनते हुए बहुत सोचा। फिर मैंने अपने जीवन के सबसे महत्त्वपूर्ण निर्णयों में से एक लिया। मैंने कहा, "नहीं, मैं 100 पर नहीं बेचूँगा। मेरे पास एक चढ़ते हुए स्टॉक को बेचने का कोई कारण नहीं है। मैं उसको होल्ड करूँगा।"

और मैंने किया। यह एक बड़ा निर्णय था और मुश्किल भी, लेकिन यह बिल्कुल सही साबित हुआ। अगले कुछ हफ्तों के भीतर मुझे संयुक्त राज्य अमेरिका के विभिन्न हिस्सों में दलालों से मेरे शेयरों के लिए उच्च और उच्चतर प्रस्तावों की रिपोर्टिंग करते अर्जेंट टेलीफोन कॉल प्राप्त हुए। मैंने धीरे-धीरे 100

और 200 शेयरों के ब्लॉक में ओवर-द-काउंटर बाजार पर 171 की औसत कीमत पर स्टॉक बेच दिए। यह बाजार में मेरा पहला वास्तव में बड़ा दाँव था। मैंने इस ऑपरेशन में $2,95,305.45 का लाभ कमाया।

मेरे लिए यह एक जबरदस्त घटना थी। मैं इतना खुश था कि मुझे समझ में नहीं आ रहा था कि किस दिशा में मुड़ना है। मैंने अपनी कहानी उन सभी को सुनाई, जो इसे सुनना चाहते थे। मैंने उन्हें अपने टेलीग्राम दिखाए। एकमात्र प्रतिक्रिया थी—"आपको टिप किसने दी?" मैंने यह समझाने की कोशिश की कि किसी ने मुझे टिप नहीं दी थी कि मैंने यह सब अपने आप से किया था और मैं ठीक इसी कारण से बहुत खुश और उत्साहित था।

किसी ने मुझ पर विश्वास नहीं किया। मुझे यकीन है कि कलकत्ता में मेरे हर दोस्त को आज भी विश्वास है कि श्री गिल्बर्ट ने खुद मुझे अपने विश्वास में लिया था।

□

8

मेरा पहला आधा अरब

ई.एल. ब्रूस के मेरे संचालन की अत्यधिक सफलता को मुझे अधिक उत्सु और कम सतर्क बना देना चाहिए था। फिर भी, किसी तरह इसने मुझे और सतर्क कर दिया। मैंने नौ महीने के निवेश में $3,25,000 से अधिक कमा लिये थे और मैं एक गलत कदम उठाकर इसे गँवाने के लिए तैयार नहीं था। कितने ही ऑपरेटरों ने नौ महीनों में बड़ी कमाई की है और नौ सप्ताह में उसे खो दिया है। मैंने तय किया कि मेरे साथ ऐसा नहीं होगा। मैंने जो पहला कदम उठाया, वह था—बाजार से अपना आधा मुनाफा निकालना। अपनी शेष पूँजी के साथ मैं बाजार को ध्यान से देख रहा था, नए, अच्छे व्यवहार की संभावनावाले शेयरों की तलाश में। जैसा कि अकसर एक तख्तापलट के बाद होता है, मुझे इसके तुरंत बाद एक या दो महीने तक बहुत कम सफलता मिली।

मैंने सावधानीपूर्वक मोलिब्डेनम के 500 शेयर खरीदे। मैंने उसे 27 पर खरीदा, और $13,606.25 का भुगतान किया। लगभग तुरंत, मुझे 26½ पर स्टॉप आउट कर दिया गया, जिससे मुझे $13,123.78 वापस मिल गए।

मैंने हैवेज इंडस्ट्रीज में कोशिश की। मैंने 31⅜ में 500 शेयर खरीदे और $15,860.95 का भुगतान किया। वह पलट गया और लगने लगा कि वह 30 के नीचे फिसलनेवाला था, इसीलिए मैंने उसे 30½ पर $15,056.94 में बेच दिया।

फिर, क्योंकि मुझे कुछ भी दिलचस्प नहीं दिखा, मैंने लोरिललार्ड में वापस निवेश किया। यह स्टॉक, जो कभी बेयर मार्केट में एक रेगिस्तान में पेड़ की तरह खड़ा था, अब एक थका हुआ, धीमी गति से चलनेवाला बुजुर्ग व्यक्ति बन गया था। लेकिन मुझे लगता है कि मुझे इसके प्रति एक भावनात्मक लगाव था, क्योंकि इसने पहली बार मेरे लिए इतना अच्छा किया था। लंबे समय तक मैं इसे

अकेला नहीं छोड़ पाया। यह मेरा अमेरिकी 'पालतू' बन गया। यह सरासर गलत रवैया था, लेकिन मैं इसके बारे में कुछ नहीं कर सकता था।

तीन बार मैंने इसे खरीदा, क्योंकि मुझे लगा कि यह एक उच्च बॉक्स की ओर बढ़ रहा है। तीन बार मैंने इसे बेच दिया, क्योंकि नया बॉक्स अमल में नहीं आया था।

लोरिललार्ड संचालन कुछ ऐसा दिखता था—

1,000 शेयर		
70½ पर खरीदे गए	($70,960.50)	
67⅞ पर बेचे गए	($67,369.74)	
		घाटा $3,590.76
500 शेयर		
69⅛ पर खरीदे गए	($34,792.05)	
67¾ पर बेचे गए	($33,622.42)	
		घाटा $1,169.63
1,000 शेयर		
67¾ पर खरीदे गए	($68,207.80)	
67 पर बेचे गए	($66,495.66)	
		घाटा $1,712.14

इसने काम कर दिया। तीसरे नुकसान ने आखिरकार मेरे भावनात्मक लगाव को तोड़ दिया और मैंने उसे फिर नहीं खरीदा। मैं समझ गया कि चूँकि लोरिललार्ड अब बहुत इत्मीनान से चल रहा था, यह स्पष्ट रूप से अब मेरे मतलब का स्टॉक नहीं था।

लोरिललार्ड से पीछे हटने के बाद, मैंने बैठकर अपनी समग्र स्थिति का आकलन किया।

वह कुछ ऐसी लग रही थी—

	लाभ	घाटा
लोरिललार्ड	$21,052.95	$6,472.53
डाइनर्स क्लब	10,328.05	
ई.एल. ब्रूस	2,95,305.45	
मोलिब्डेनम		482.47
हैवेज इंडस्ट्रीज		804.01
	$3,26,686.45	**$7,759.01**

मेरा कुल लाभ $3,18,927.44 था।

जिस दौरान मैं लोरिललार्ड के भीतर और बाहर हो रहा था, मैं लगातार ऐसे शेयरों की तलाश कर रहा था, जो मेरे सिद्धांत के अनुकूल हों। एक बहुत महत्त्वपूर्ण कारक, जिसने मुझमें और गहन खोज की इच्छा उत्पन्न की, वह था—सामान्य बाजार के फिर से मजबूत होने की शुरुआत। जब मुझे लगने लगा कि यह ताकत स्पष्ट हो रही है, मैं जल्द-से-जल्द एक आशाजनक स्टॉक में प्रवेश करके इसका पूरा फायदा उठाना चाहता था।

जिन शेयरों ने मेरा ध्यान आकर्षित किया, उनमें से एक यूनिवर्सल प्रोडक्ट्स नाम की एक छोटी सी, अज्ञात कंपनी थी। यह 35 के आसपास उद्धृत की गई थी, और 35⅞ और 33½ के बीच ऊपर-नीचे चल रहा था। मुझे पता चला कि यह एक इलेक्ट्रॉनिक्स कंपनी थी और इसीलिए मुझे लगा कि जहाँ तक मेरे तकनीकी कट्टरपंथी सिद्धांत का सवाल है, यह निवेश करने योग्य थी।

जुलाई 1958 में, जब मैं कलकत्ता में ही था, मैंने न्यूयॉर्क से दैनिक उद्धरण के लिए कहा। उन्होंने मुझे जो कहानी सुनाई, वह बहुत आशाजनक थी। हालाँकि मेरे हाल के लोरिललार्ड घाटे ने मुझे याद दिलाया कि मैं कई बार लगातार गलत हो सकता हूँ और इसीलिए मैं बहुत सतर्कता से काम करना चाहता था। मुझे लगा कि अगर मैं वास्तव में स्टॉक का स्वामित्व प्राप्त करता हूँ तो मुझे स्टॉक की गतिविधि का बेहतर अनुभव मिल सकता है, इसीलिए मैंने एक पायलट खरीद का फैसला किया। मैंने निम्नलिखित टेलीग्राम भेजा—

300 यूनिवर्सल प्रोडक्ट्स खरीदें $35\frac{1}{4}$ या बेहतर पर

अगले दिन, जब मुझे सूचना मिली कि यूनिवर्सल प्रोडक्ट्स के 300 शेयर मेरे लिए $35\frac{1}{4}$ पर खरीद लिये गए थे, तो मैंने टेलीग्राम किया—

$32\frac{1}{2}$ स्टॉप लॉस डालें

अब करने के लिए कुछ नहीं था, सिवाय इसके कि मैं पीछे बैठकर नजर रखूँ और अगली चाल की प्रतीक्षा करूँ।

इस अवधि में, मैं पूरे भारत भर में काफी यात्राएँ कर रहा था। लेकिन यूनिवर्सल प्रोडक्ट्स पर टेलीग्राम उद्धरण हर जगह मेरे पीछे आ जाते थे। अगस्त 1958 के तीसरे सप्ताह में, मैं कश्मीर के श्रीनगर में था, जब मैंने देखा कि शेयर में मजबूती आने लगी थी। मैंने टेलीग्राम किया—

1,200 यूनिवर्सल प्रोडक्ट्स ऑन स्टॉप $36\frac{1}{2}$ स्टॉप लॉस 33 पर खरीदें

जब मैं नई दिल्ली के इंपीरियल होटल में लौटा तो मुझे सूचना मिली—

'खरीदे 1200 U $36\frac{1}{2}$ ऑन स्टॉप U $36\frac{3}{4}$ ($37\frac{7}{8}$–$35\frac{3}{8}$)ETC.'

इसका मतलब है कि मैंने अपना स्टॉक $36\frac{1}{2}$ में खरीदा था और यह $36\frac{3}{4}$ पर बंद हुआ। जबकि यह मेरे खरीद मूल्य से निर्णायक रूप से दूर नहीं गया, लेकिन यह इसके ऊपर बंद हो गया। अब सवाल यह था कि क्या मेरा स्टॉक आगे बढ़ना जारी रखेगा या यह अपने पूर्व बॉक्स में वापस आ जाएगा?

मैं काफी उत्साहित था। हालाँकि मैंने पहले ही अपने संभावित नुकसान की सीमा तय कर ली थी, अब सवाल इसका था कि मेरा फैसला सही था या गलत? मेरे लिए अगले दिन के टेलीग्राम का इंतजार करना मुश्किल हो रहा था। अंत में, जब वह आया, तो पता चला कि यूनिवर्सल प्रोडक्ट्स 38 पर बंद हो गया था। दिन के लिए उसकी सीमा $38\frac{3}{4}$–$37\frac{1}{2}$ थी। इसका मतलब था कि मैं सही था—कम-से-कम उस समय के लिए।

अगले कुछ दिनों में स्टॉक में बढ़त जारी रही और जब मैं कराची में था, तब मैंने 40 पर 1,500 शेयर और खरीदे। इसके तुरंत बाद, यूनिवर्सल प्रोडक्ट्स ने अपना नाम बदलकर यूनिवर्सल कंट्रोल्स कर लिया और 2 फॉर 1 का

विभाजन कर दिया। उसने अच्छा प्रदर्शन करना जारी रखा, लेकिन मेरी आखिरी खरीद के बाद मैंने फैसला किया कि मेरे पास यूनिवर्सल कंट्रोल्स का उतना स्टॉक हो गया था, जितना मैं रखना चाहता था।

यह मेरी सटीक स्थिति थी (इस तालिका में मूल्य और सभी निम्न तालिकाएँ औसत हैं।)—

35¼ पर 300 की पायलट खरीद	$10,644.93
1,200 36½ पर	44,083.56
1,500 40 पर	60,585.00
कुल 3,000 शेयर	$1,15,313.49

इससे मुझे नए-नए विभाजित शेयर के 6,000 शेयर प्राप्त हुए। अब मैं आराम से बैठकर शेयर को रोके रहा, जबकि स्टॉक आसमान छूने लगा।

दिसंबर की शुरुआत में, जब मैंने देखा कि यूनिवर्सल कंट्रोल्स सही ढंग से व्यवहार कर रहा था, तो मैंने अपने सचिव को स्टॉक की सिफारिश की। मैंने उसे 31¾ पर खरीदने के लिए कहा। मैंने कहा, "अगर यह 30 से नीचे चला जाता है, तो नुकसान उठाकर इसे बेच देना, अन्यथा इसे बड़ी वृद्धि के लिए रोककर रखना। अगर तुमको कोई नुकसान उठाना पड़ता है तो मैं उसकी भरपाई करूँगा।"

फिर हुआ कुछ ऐसा कि उसके पिता एक पुराने जमाने के शुद्ध कट्टरपंथी थे और जब उन्होंने मेरा दिया सुझाव सुना, तो उन्होंने अपने बेटे से कहा कि वह ऐसी मूर्खता न करे। उनका तर्क था—अगर एक स्टॉक नीचे जा सकता है तो उसे खरीदने का क्या मतलब था? उनका सोचना था कि आपको केवल वही स्टॉक खरीदना चाहिए, जिसका ऊपर उठना सुनिश्चित हो, जैसे कि कोई निश्चित हो सकता था। उन्होंने यह भी कहा कि वह कंपनी की पुस्तकों की जाँच करना चाहते हैं, यह देखने के लिए कि क्या वह अच्छी स्थिति में है।

मेरे सचिव ने अपने पिता की सलाह मानी। उसने कोई पैसा निवेश नहीं किया, बल्कि इंतजार किया, जबकि उसके पिता ध्यान से पुस्तकों की जाँच कर

रहे थे। जब वह इस कार्य में तल्लीन थे, स्टॉक 50 तक चला गया।

यूनिवर्सल कंट्रोल्स के साथ ही, मैं एक और स्टॉक देख रहा था, जिसकी काररवाई मेरे लिए आकर्षक थी। यह थिओकोल केमिकल था।

इसने पहली बार फरवरी 1958 में मेरा ध्यान आकर्षित किया, जब मैं टोक्यो में था। यह हाल ही में 2 के लिए 1 में विभाजित हुआ था और 39/47 बॉक्स में शांत होने से पहले भारी व्यापार की वस्तु था। यह कई महीनों तक शांति से इस क्षेत्र में रहा।

चूँकि मैं नियमित रूप से बैरन्स में इसकी जाँच कर रहा था, शांति का यह क्षेत्र गरमी के दिन में तालाब जैसा दिखता था। लेकिन किसी तरह मुझे लग रहा था कि यह तूफान के पहले की शांति थी।

मार्च में मैंने न्यूयॉर्क टेलीग्राम किया—

थिओकोल उद्धृत करें

उद्धरणों का विधिवत् आगमन हुआ, लेकिन अप्रैल में कुछ हफ्तों की अल्पकालिक हलचल के अलावा, कुछ भी उल्लेखनीय नहीं हुआ। कुछ हफ्तों के बाद मैंने हाँगकाँग से निम्न टेलीग्राम भेजी—

थिओकोल उद्धरण बंद करें। 45 से ऊपर जाने पर फिर उद्धृत करें

मैंने सोचा कि यदि यह फिर से इसके बॉक्स के ऊपरी फ्रेम की ओर पहुँचता है, तो वह क्षण इसे फिर से देखने का होगा। और फिर अगस्त के पहले सप्ताह में थिओकोल उद्धरण मेरे टेलीग्रामों में फिर से दिखाई देने लगे। 45 से ऊपर यह ऐसा लग रहा था, जैसे एक ऊपर की छलाँग के लिए यह अपनी मांसपेशियों को लचीला कर रहा हो। मैंने एक पायलट खरीद का फैसला किया और टेलीग्राम किया—

खरीदें 200 थिओकोल 47¼

आदेश $9,535.26 की लागत के लिए इस मूल्य पर निष्पादित किया गया।

उसके बाद अपनी वास्तविक गतिशीलता को खोजने में थिओकोल को

तीन सप्ताह का समय लगा। अगस्त के अंत में मुझे लगा कि वह क्षण आ गया है। मैंने न्यूयॉर्क टेलीग्राम किया—

1300 थिओकोल खरीदें 49⅞ ऑन स्टॉप

खरीद 2 सितंबर, 1958 को 49⅞ पर निष्पादित की गई। लागत $65,408.72 थी।

अपने 1,500 शेयरों के साथ मैंने स्टॉक को 50 से ऊपर तेजी से बढ़ते और 52–56 के दायरे में कारोबार करते देखा।

एक हफ्ते बाद मुझे सूचना मिली कि थिओकोल ने स्टॉक राइट्स जारी करने का फैसला किया है।

ये स्टॉक के धारकों को बोनस के रूप में प्रति शेयर एक राइट की दर पर दिए गए थे। बदले में, ऐसे 12 राइट्स के साथ आप $42 के विशेष मूल्य पर थिओकोल का एक शेयर खरीद सकते थे। चूँकि स्टॉक 50 से ऊपर उद्धृत किया गया था, यह वास्तव में सस्ता था—यदि आप अपने स्टॉक राइट्स का उपयोग करना चाहते थे। यदि नहीं, तो आप उन्हें अमेरिकी स्टॉक एक्सचेंज में बेच सकते थे, जहाँ उन्हें सूचीबद्ध करके सीमित अवधि के लिए कारोबार किया जाता था।

हालाँकि इन राइट्स के बारे में एक और महत्त्वपूर्ण विशेषता थी, जो उन्हें बहुत दिलचस्प बनाती थी। स्टॉक एक्सचेंज नियमों के अनुसार, यदि कंपनी का स्टॉक खरीदने के लिए राइट्स का उपयोग किया जा रहा था, तो आप उसका लाभ उठा सकते थे, जिसे वे 'विशेष सदस्यता खाता' कहते थे। जब आप इस खाते में अपने राइट्स जमा करते थे, तो ब्रोकर को आपको शेयर के वर्तमान बाजार मूल्य का 75 प्रतिशत तक उधार देने की अनुमति मिल जाती थी। इसके अलावा, खरीद पर कोई कमीशन शुल्क नहीं था।

मैं इस पर उत्सुकता से उछल पड़ा। मेरे लिए क्रेडिट पर स्टॉक का एक बड़ा सौदा खरीदने का यह एक अनूठा अवसर था। मैंने अपने पूरे मुक्त नकद के साथ इसमें कूदने का फैसला किया। मैंने अपनी स्थिति का एक त्वरित मोटा हिसाब लगाया। मेरी स्थिति यह थी—

मूल निवेश	$36,000
कुल लाभ (नुकसान घटाने के बाद)	3,19,000
कुल पूँजी	$3,55,000
निकाला गया नकद	1,60,000
निवेश के लिए मुक्त	$1,95,000
अभी धारण खरीद	
3,000 यूनिवर्सल प्रोडक्ट्स	$1,15,300
1,500 थिओकोल	75,000
	$1,90,300
मार्जिन नियमों के तहत 70 प्रतिशत नकद	$1,33,000
आगे के लिए मुक्त निवेश	$62,000

लेकिन अब एक अजीब स्थिति विकसित हो गई। जब मैंने न्यूयॉर्क के साथ अपनी व्यवस्था बनाने की कोशिश की, मुझे पता चला कि 75 प्रतिशत ऋण की अनुमति देनेवाले विनियमन के बावजूद ब्रोकरों के बीच उस राशि को लेकर व्यापक असहमति थी, जो मैं एक विशेष सदस्यता खाते में उनसे उधार ले सकता था। जबकि एक ब्रोकर स्टॉक के खरीद मूल्य का केवल 75 प्रतिशत उधार देने के लिए तैयार था, एक अन्य स्टॉक के बाजार मूल्य का पूरा 75 प्रतिशत अग्रिम देने के लिए तैयार था; चूँकि थिओकोल 55 के आसपास उद्धृत किया जा रहा था, बाद का प्रस्ताव एक असाधारण रूप से आकर्षक क्रेडिट स्थिति थी। मैं इसका फायदा उठाने के लिए आगे बढ़ा। मैंने 15/16 के औसत मूल्य पर 36,000 राइट्स खरीदे, जिनके लिए मैंने $49,410 का भुगतान किया। उन्होंने मुझे $42 प्रति शेयर पर 3,000 थिओकोल खरीदने का अधिकार दिया। मेरे लिए इसकी लागत $1,26,000 आई, लेकिन राइट्स-सदस्यता के तहत मुझे केवल $6,000 नकद देने पड़े। बाकी पैसे मेरे एक ब्रोकर ने मुझे उधार दिए थे।

यह व्यवस्था इतनी अनुकूल लग रही थी कि मैंने इन अद्वितीय ऋण स्थितियों का अधिक लाभ उठाने का मन बना लिया।

मैंने हिसाब लगाया कि अपने मूल 1,500 थिओकोल शेयरों को बेचकर मैं विशेष सदस्यता नियमों के तहत उनसे दोगुना वापस खरीद सकता हूँ।

मैंने अपना स्टॉक 53½ की औसत कीमत पर बेच दिया। इससे मुझे $57,000 की नई क्रय शक्ति मिली। इससे मैंने 36,000 राइट्स का दूसरा ब्लॉक खरीदा। पिछले ऑपरेशन की तरह ही मैंने उन्हें थिओकोल स्टॉक के 3,000 शेयरों के दूसरे ब्लॉक में बदल दिया।

संचालन इस तरह दिख रहा था—

(क)	बेचे	1500 शेयर थिओकोल स्टॉक,
(ख)	खरीदे	36,000 थिओकोल राइट्स, और इनके साथ
(ग)	खरीदे	3,000 शेयर थिओकोल स्टॉक।

6,000 शेयरों के लिए मेरी कुल लागत $3,50,820 थी।

दिसंबर के दूसरे सप्ताह में, थिओकोल अमेरिकी से न्यूयॉर्क स्टॉक एक्सचेंज में स्थानांतरित हो गया। यह तुरंत 8 अंक बढ़ गया और अगले सप्ताह यह 100 के निशान को छू रहा था। जब इसने अपनी ऊपर की ओर चाल जारी रखी, तो मेरा ब्रोकर घबरा गया होगा, क्योंकि मुझे एक टेलीग्राम मिला, जिसमें कहा गया था—

आपका थिओकोल मुनाफा अब $2,50,000 है

यह मेरे पास तब आया, जब मैं पेरिस में जॉर्ज वी होटल में रह रहा था। मुझे अचानक अहसास हुआ कि मैं उद्धरण देखने में इतना व्यस्त हो गया था कि मैं जमा हो रहे कागजी मुनाफे के बारे में भूल गया था। ब्रूस में मेरे मुनाफे में जुड़कर, अब मेरे पास आधा मिलियन डॉलर से अधिक मुनाफा हो गया था! वास्तव में, यह उससे कहीं अधिक पैसा था, जितना मैंने सोचा था कि कभी मेरे पास होगा। यह मुझे जीवन भर के लिए एक अमीर आदमी बना देगा।

यह बोध कि मेरे पास इतना सारा पैसा था, मेरे पास चौंकानेवाली शीघ्रता से

आया। मेरे अस्तित्व का एक-एक रोम कहता प्रतीत हो रहा था, 'बेचो, बेचो।' यह दुनिया का सबसे बड़ा प्रलोभन था।

मुझे क्या करना चाहिए? क्या स्टॉक अभी और ऊपर जाएगा—या मुझे अपना मुनाफा लेकर निकल जाना चाहिए? शायद यह अब और ऊपर नहीं जाएगा—इसमें गिरावट आ सकती है। यह एक भयानक दुविधा थी, 'कब बेचना चाहिए' के पुराने वाले दाँव पर लगी, इतनी बड़ी राशि के कारण बहुत बढ़ी हुई लग रही थी। अगर मैंने यहाँ सही काम किया तो मेरी पूरी जिंदगी बदल जाएगी। अगर मैंने गलत काम किया, तो मुझे हमेशा पछतावा रहेगा।

मैं बहुत अकेला महसूस कर रहा था। दुनिया में कोई भी मुझे सलाह नहीं दे सकता था कि इस स्थिति में मुझे क्या करना चाहिए। मैंने बाहर जाकर अकेले कुछ ड्रिंक्स लेने और फिर स्थिति पर विचार करने का फैसला किया। बाहर निकालने से पहले, मैं अपनी ड्रेसिंग टेबल पर बैठा और एक छोटे से कार्ड पर लिखा, 'ब्रूस को याद रखना!' मुझे लगा कि यह मुझे वो याद दिलाएगा, जो मैंने अतीत में सीखा था।

पेरिस में घूमते हुए, मैं अपनी जेब में रखे उस छोटे से कार्ड को बार-बार छूता रहा। हर बार जब मुझे लगता कि मैं अपने ब्रोकर्स को टेलीग्राम भेजकर थिओकोल बेचने के निर्देश दे दूँ, तो मैं वह कार्ड निकालता, उसे देखता और झिझकता था।

अंत में, मैंने निर्णय लिया कि मैं उसे नहीं बेचूँगा। यह मेरी नई बाजार तकनीक का सर्वश्रेष्ठ उदाहरण था और यह करना आसान नहीं था। जब तक मैं अपने होटल वापस पहुँचा, मैं थक चुका था। मैं शायद उस आदमी की तरह अधिक लग रहा था, जो आत्महत्या करने जा रहा हो, बजाय ऐसे आदमी के, जिसने अभी-अभी एक छोटी संपत्ति बनाई थी।

लेकिन मैं सही साबित हुआ, थिओकोल ऊपर चढ़ता रहा और पेरिस में यह निर्णय लेने के कारण मैं होल्ड करने और स्टॉक से और अधिक पैसे कमाने में सक्षम रहा।

कुछ हफ्तों बाद, जनवरी 1959 में, मैं न्यूयॉर्क लौट आया। जब मैं आइडलवाइल्ड एयरपोर्ट पर उतरा, तो मैं 6,000 थिओकोल और 6,000

यूनिवर्सल कंट्रोल्स होल्ड कर रहा था।

वे दोनों वास्तव में बहुत अच्छा प्रदर्शन कर रहे थे, थिओकोल 100 के निशान पर खड़ा था और यूनिवर्सल कंट्रोल्स 45 तक चढ़ गया था।

न्यूयॉर्क में, मेरा पहला अपॉइंटमेंट मेरे ब्रोकरों से मिलने और उनके साथ मेरे वॉल स्ट्रीट सौदों पर चर्चा करने के लिए था। उन्होंने मुझे बताया कि उनकी पुस्तकों के अनुसार, मेरे निवेश मुझे आधा मिलियन डॉलर से अधिक का लाभ दे चुके थे।

मैं उत्तेजित, आत्मविश्वास से भरा और सफल महसूस कर रहा था। मैंने अपने लिए प्लाजा होटल में एक कमरा बुक कराया और तय किया कि अपने प्रवास के दौरान मैं अपने स्टॉक मार्केट सौदों को करीब से जारी रखूँगा।

मुझे कहाँ पता था कि मैं खुद को पूरी तरह से मूर्ख बनाने की तैयारी कर रहा हूँ। अगले कुछ हफ्तों में, मैं खुद को बरबादी के बहुत ही निकट लानेवाला था।

□

9

मेरा दूसरा संकट

आधे मिलियन डॉलर की खबर ने मुझे बहुत आत्मविश्वास दिया। मेरे पास एक बहुत स्पष्ट अवधारणा थी कि मैंने यह कैसे किया था और मुझे इस बात का भी यकीन था कि मैं यह फिर से कर सकता था। मुझे इसमें कोई संदेह नहीं था कि मैंने अपनी कला में महारत हासिल कर ली थी। अपने टेलीग्रामों के साथ काम करते हुए, मैंने एक तरह की छठी इंद्रिय विकसित कर ली थी। मैं अपने शेयरों को 'महसूस' कर सकता था। यह उस भावना से अलग नहीं था, जो एक संगीत विशेषज्ञ विकसित करता है। उसके कान को एक सपाट सुर का पता लग जाएगा, जो सामान्य श्रोता के लिए अश्रव्य होता है।

मैं लगभग बता सकता था कि स्टॉक क्या करेंगे। यदि एक आठ अंक की बढ़त के बाद एक शेयर चार अंक पीछे आ जाता था, तो मैं चिंतित नहीं होता था। मैं उससे ऐसा ही करने की अपेक्षा करता था। यदि कोई शेयर मजबूत होने लगता था, तो मैं अकसर अनुमान लगा लेता था कि उसका बढ़ना किस दिन शुरू होगा। यह एक रहस्यमयी, समझाई न जा सकनेवाली वृत्ति थी, लेकिन मेरे मन में कोई संदेह नहीं था कि यह मेरे पास थी। इसने मुझे एक जबरदस्त शक्ति की भावना से भर दिया था।

इसीलिए यह आश्चर्य की बात बिल्कुल भी नहीं है कि मैंने धीरे-धीरे कल्पना करना शुरू कर दिया था कि मैं वित्त का एक नेपोलियन था। मुझे लगता था कि मैं एक शानदार सड़क पर चलनेवाला हूँ। मैं किसी खतरे से अवगत नहीं था। मुझे नहीं पता था कि रास्ते में एक खतरनाक दैत्य मेरी प्रतीक्षा कर रहा है। आखिरकार, मैंने आत्मसंतुष्टि के साथ खुद से तर्क किया, मैंने जो किया था, वह कितने लोग कर सकते थे?

मैंने वास्तव में व्यवसाय में उतरने का फैसला कर लिया। अगर मैं आधा मिलियन बना सकता था, तो मुझे दो, तीन या पाँच मिलियन बनाने से क्या रोक सकता था? हालाँकि हाल ही में मार्जिन की आवश्यकता 90 प्रतिशत तक बढ़ा दी गई थी, लेकिन मुझे विश्वास था कि उन 1,60,000 डॉलरों का उपयोग करके, जो मैंने अपने ब्रूस मुनाफे से अलग रखा है, मैं एक नई संपत्ति का आधार रख सकता हूँ। मेरा इरादा मौके पर गंभीर दैनिक सौदे शुरू करने का था—ऐसे सौदे, जिनके सामने मेरे पिछले क्रय-विक्रय छोटे-छोटे आलुओं की तरह प्रतीत होंगे।

सच्चाई यह थी कि जहाँ मेरी जेब मजबूत हो गई थी, मेरा दिमाग कमजोर हो गया था। मैं अति आत्मविश्वासी हो गया और यह सबसे खतरनाक मानसिक स्थिति है, जो कोई शेयर बाजार में विकसित कर सकता है। जल्दी ही मुझे वह कड़वा सबक मिल गया, जो बाजार हमेशा उन लोगों को देता है, जो सोचते हैं कि वे लापरवाही के साथ इसके गुरु बन सकते हैं।

न्यूयॉर्क में कुछ दिनों के बाद, मैंने बाजार के साथ निकट संपर्क स्थापित करने का फैसला किया। उसे लेकर जो मुझे लगता था कि एक त्रुटिहीन प्रणाली थी, मेरा मानना था कि अगर मैं बाजार के करीब चला गया, तो कोई चीज मुझे प्रतिदिन भाग्य बनाने से नहीं रोक सकती थी। मेरे भविष्य की विजय के दृश्य के रूप में, मैंने अपने एक ब्रोकर के शहरी कार्यालय को चुना।

मैं कार्यालय में पहली बार गया तो बहुत रोमांचित हुआ। बोर्ड रूम विशाल था, जिसमें सदा चलती एक छोटी मशीन, स्टॉक टिकर के सामने कुरसियाँ रखी हुई थीं। वातावरण रोमांचक, विद्युतीय था। कमरे में मौजूद लोग, मॉन्टे कार्लो में हैंगर्स ऑन की तरह घबराए हुए, उत्तेजित थे। वहाँ एक्शन, हलचल और शोर का वातावरण था। टिकर की टिक-टिक, टाइपराइटरों की खट-खट, टेलीग्राफ मशीनों की आवाज, क्लर्क व्यस्तता से इधर-उधर दौड़ते हुए। हर दिशा से मैं ऐसे वाक्य सुन रहा था, जैसे—"गुडईयर मुझे ठीक नहीं लग रहा है।", "मैं एनाकोंडा से बाहर निकल रहा हूँ।", "बाजार एक प्रतिक्रिया के लिए परिपक्व है।"

पहले दिन मुझे इस तने हुए, विद्युतीय माहौल ने बिल्कुल परेशान नहीं किया। मुझे मिल चुकी सफलता के साथ मुझे लग रहा था कि मैं इन तनावग्रस्त

लोगों की चिंताओं, आशाओं और भय से ऊपर था। लेकिन यह ज्यादा समय तक नहीं चला। जब मैंने बोर्ड रूम से दिन-प्रतिदिन व्यापार करना शुरू किया, तो मैंने धीरे-धीरे अपनी असंबद्धता को छोड़ दिया और उनके साथ जुड़ना शुरू कर दिया। मैंने तथ्यों, विचारों और अफवाहों के भ्रामक संयोजन की ओर अपने कान खोल लिये। मैं बाजार-पत्र पढ़ने लगा। मैंने इन प्रश्नों के जवाब देने भी शुरू कर दिए, जैसे—"आप बाजार के बारे में क्या सोचते हैं?" या "क्या आप जानते हैं कि यह सस्ता है?" इन सबका मुझ पर घातक प्रभाव पड़ा।

व्यापार के कुछ ही दिनों में, मैंने उन सब बातों पर पानी फेर दिया, जो मैंने पिछले छह वर्षों में सीखी थीं। मैंने वह सबकुछ किया, जो ना करने के लिए मैंने खुद को प्रशिक्षित किया था। मैंने ब्रोकरों से बात की। मैंने अफवाहें सुनीं। मैं टिकर से कभी दूर नहीं होता था।

ऐसा लग रहा था, जैसे 'शीघ्र समृद्ध बनो' दानव ने मुझे जकड़ लिया था। मैंने अपने टेलीग्रामों के माध्यम से इतनी सावधानी से जो स्पष्ट परिप्रेक्ष्य बनाया था, उसे पूरी तरह से खो दिया। कदम-दर-कदम मैं खुद को एक ऐसे रास्ते पर आगे बढ़ाने लगा, जहाँ मैं अपना कौशल खोने लगा।

पहली चीज, जिसने मेरा साथ छोड़ा, वह मेरी छठी इंद्रिय थी। मैं अब कुछ भी 'महसूस' नहीं करता था। मैं कुछ देख सकता था तो केवल स्टॉक्स का एक जंगल, जो बिना किसी कारण ऊपर-नीचे दौड़ता रहता था। फिर मेरी स्वतंत्रता चली गई। मैंने धीरे-धीरे अपनी प्रणाली को छोड़ दिया और दूसरों का दृष्टिकोण अपना लिया। पहली चीज, जो मैं जानता था, मैं भीड़ का अनुसरण कर रहा था। मेरी तर्कशक्ति ने मुझे छोड़ दिया और भावना ने पूरा नियंत्रण ले लिया।

यह समझाना कि मेरे लिए मेरी प्रणाली से चिपके रहना कितना मुश्किल था, आसान होगा, अगर मैं इसे इस तरह समझाता हूँ—एक भीड़ भरे थिएटर में 'आग-आग' चिल्लाएँ और फिर क्या होता है? लोग एक-दूसरे को मारते हुए, घायल करते हुए निकास की ओर भागते हैं। एक डूबता हुआ आदमी संघर्ष करेगा, अपने संभावित बचानेवाले को पकड़ लेगा और शायद उसे भी नीचे खींच लेगा। ये अनुचित, गलत रवैये हैं, फिर भी वृत्ति उन्हें निर्देशित करेगी।

जब मैंने भीड़ का अनुसरण किया तो मैंने भी इस तरह के काम करने शुरू

कर दिए। एक अकेला भेड़िया होने के बजाय मैं एक भ्रमित, उत्तेजित भेड़ का बच्चा बन गया, जो दूसरों के साथ इधर-उधर घूम रहा था और कटने के इंतजार में था। जब मेरे आसपास हर कोई 'हाँ' कह रहा था तो मेरे लिए 'नहीं' कहना असंभव था। जब वे डरते थे तो मैं डर जाता था। जब वे आशान्वित होते थे, तो मैं भी आशान्वित हो जाता था।

मेरे शुरुआती नौसिखिए सालों में भी कभी मेरे साथ ऐसा कुछ नहीं हुआ था। मैंने अपना सारा कौशल और नियंत्रण खो दिया। मैं जो कुछ भी छूता था, वह गलत हो जाता था।

मैं एक पूर्ण नौसिखिए की तरह व्यवहार कर रहा था। मैंने जिस सतर्क प्रणाली का निर्माण किया था, वह मेरे चारों ओर ढह गई। हर सौदा बरबादी में समाप्त हो रहा था। मैंने दर्जनों विरोधाभासी आदेश दिए। मैंने 55 पर स्टॉक खरीदे। वे वापस 51 पर चले गए। मैं रुका रहा। स्टॉप लॉस? वह पहली चीज थी, जिसे मैंने फेंक दिया। धीरज? आकलन? मेरे पास बिल्कुल नहीं था। बॉक्स? मैं उनके बारे में भूल गया था।

जैसे-जैसे दिन बीतने लगे, मेरे संचालन का दुष्चक्र ऐसा दिखने लगा—

मैंने शीर्ष पर खरीदा

जैसे ही मैंने खरीदा
स्टॉक गिरना शुरू हो गया
मैं भयभीत हो गया

और निचले स्तर पर बेचा

जैसे ही मैंने बेचा
स्टॉक ऊपर चढ़ने लगा
मैं लालची हो गया

और शीर्ष पर खरीद लिया

मैं बुरी तरह कुंठित हो गया। अपनी मूर्खता को दोष देने के बजाय मैंने अपनी असफलताओं के विभिन्न कारणों का आविष्कार कर लिया। मैं 'वे' पर

विश्वास करने लगा। 'वे' मुझे महँगा बेच रहे थे। 'वे' मुझसे सस्ते में स्टॉक खरीद रहे थे। मैं निश्चित रूप से किसी को यह नहीं बता सकता था कि 'वे' कौन थे—लेकिन इसने मुझे उन पर विश्वास करने से नहीं रोका।

'उनसे' लड़ना—मन के पीछे के उन धूसर भूतों से—मुझे लापरवाह बना रहा था। मैं जिद्दी हो गया। हालाँकि स्टॉक मुझे लगातार मार रहे थे, हर बार जब वे मुझ पर प्रहार करते थे तो मैं बस खून पोंछ लेता था और दूसरे स्टॉक के लिए वापस आ जाता था। मैं अपने आप को बताता रहा कि मैं बाजार से आधे मिलियन डॉलर से अधिक आगे था और इसीलिए यह संभवत: मेरे साथ नहीं हो सकता था। मैं कितना गलत था!

यह पूर्ण आपदा का दौर था। मैंने कुछ हफ्तों में $1,00,000 खो दिए। इस अवधि के मेरे व्यापार की एक विस्तृत सूची एक पागल के इतिवृत्त चंद्र की तरह लगती है। मैं अब भी इस पर मुश्किल से यकीन कर पाता हूँ। अब मुझे पता है कि यह अहं भाव के कारण था, जो मुझे घमंड की ओर ले गया, जो मुझे अति आत्मविश्वास की ओर ले गया, जिससे परिणामस्वरूप आपदा आई। वह बाजार नहीं था, जिसने मुझे हराया। यह मेरी अपनी अविवेकी प्रवृत्ति और अनियंत्रित भावनाएँ थीं।

मैं स्टॉक खरीदता था और कुछ घंटों बाद उन्हें बेच देता था। मुझे पता था कि अगर मैं उसी दिन खरीदता और बेचता हूँ, तो मुझे अपने खाते में केवल 25 प्रतिशत जैसे कम मार्जिन के साथ काम करने की अनुमति थी। इससे लाभ कमाने के बजाय, मैं हर बार कई हजार डॉलर खोने में सफल रहा। मैंने खुद के लिए आपदा इस प्रकार सुनिश्चित की—

2,500 हैवेज इंडस्ट्रीज		
70 पर खरीदा	($1,76,150.00)	
63½ पर बेचा	($1,57,891.34)	
		घाटा $18,258.66

1,000 रोम केबल		
37 पर खरीदा	($37,375.00)	
31 पर बेचा	($30,724.48)	
		घाटा $6,650.52
1,000 जनरल टाइम		
47¾ पर खरीदा	($48,178.80)	
44¾ पर बेचा	($44,434.32)	
		घाटा $3,744.48
500 एड्रैसोग्राफ मल्टीग्राफ		
124½ पर खरीदा	($62,507.25)	
116½ पर बेचा	($58,053.90)	
		घाटा $4,453.35
1,000 रेचहोल्ड केमिकल्स		
63½ पर खरीदा	($63,953.50)	
61½ पर बेचा	($61,158.37)	
		घाटा $2,795.13
2,000 ब्रंसविक-बालके-कोलेंडर		
55½ पर खरीदा	($1,11,891.00)	
53½ पर बेचा	($1,06,443.46)	
		घाटा $5,447.54
2,000 रेथियॉन		
60½ पर खरीदा	($1,21,901.00)	
57¾ पर बेचा	($1,14,823.69)	
		घाटा $7,077.31

2,000 नेशनल रिसर्च		
24¼ पर खरीदा	($49,625.00)	
22 पर बेचा	($43,501.52)	
		घाटा $6,123.48
4,000 अमेरिकन मेटल्स क्लाइमैक्स		
32⅞ पर खरीदा	($1,32,917.60)	
31⅝ पर बेचा	($1,25,430.47)	
		घाटा $7,487.13
3,000 अमेरिकन मोटर्स		
41¼ पर खरीदा	($1,24,938.90)	
40 पर बेचा	($1,19,094.60)	
		घाटा $5,844.30
2,000 मोलिब्डिनम		
49½ पर खरीदा	($99,875.00)	
47½ पर बेचा	($94,352.50)	
		घाटा $5,522.50
2,000 शैरॉन स्टील		
48¼ पर खरीदा	($97,362.60)	
43¼ पर बेचा	($85,877.27)	
		घाटा $11,485.33
1,000 वॉर्नर लैंबर्ट		
98½ पर खरीदा	($98,988.50)	
95½ पर बेचा	($95,127.09)	
		घाटा $3,861.41

1,000 ल्युकेंस स्टील		
88 पर खरीदा	($88,478.00)	
81 पर बेचा	($80,640.48)	
		घाटा $7,837.52
		कुल घाटा $96,588.66

क्या आपको यह उदासी की तालिका देखने के बाद आश्चर्य होगा कि मैं जब भी स्टॉक्स को देखता था तो काँप क्यों जाता था?

स्पष्ट तथ्य यह था कि मैं बहुत अधिक पढ़ रहा था, बहुत अधिक करने की कोशिश कर रहा था। यही कारण है कि मैं तेजी से उस अवस्था में पहुँच गया, जहाँ मैं शेयर बाजार के उद्धरणों पर आँकड़े पढ़ सकता था, लेकिन अब वे मुझे कुछ नहीं बताते थे। कुछ ही समय के बाद भी एक इससे भी बुरा दौर आया। कभी न खत्म होनेवाले नुकसान से घबराया हुआ, भ्रम की स्थिति से भयभीत, अफवाहों से परेशान, मैं ऐसा हो गया था कि आँकड़े भी नहीं देख पा रहा था। मेरा समन्वय टूट गया। मैं पूरे दिन आँकड़ों के कॉलमों को ताकता रहता था, जिन पर मेरी नजरें जाती थीं, लेकिन मैं उन्हें आत्मसात् नहीं कर पाता था। मेरा दिमाग धुँधला हो गया था। इस अंतिम अवस्था ने मुझे वास्तव में डरा दिया था। मुझे एक शराबी की तरह महसूस हो रहा था, जो वास्तविकता के साथ संपर्क खो देता है और समझ नहीं पाता कि क्यों?

कुछ विनाशकारी सप्ताहों के अंत में, मैं शांति से उन कारणों की जाँच करने बैठा कि मेरे साथ ऐसा क्यों होना चाहिए था। क्यों मेरे पास हाँगकाँग, कलकत्ता, साइगॉन और स्टॉकहोम में वह स्पर्श होना चाहिए था और वॉल स्ट्रीट के आधे मील के भीतर होने पर उसे खो देना चाहिए था? अंतर क्या था?

समस्या का कोई आसान हल नहीं था और लंबे समय तक मैं चकराया रहा। फिर एक दिन, जब मैं एक टेलीफोन कॉल करने से डरते हुए प्लाजा होटल में बैठा था, मुझे अचानक एक अहसास हुआ। जब मैं विदेश में था, मैं किसी

बोर्ड रूम में नहीं गया था, किसी से बात नहीं की थी, कोई टेलीफोन कॉल नहीं लिया था, कोई टिकर नहीं देखा था।

समाधान मेरे कान में फुसफुसा रहा था, लेकिन पहले मैं उसे समझ नहीं पाया। वह इतना आश्चर्यजनक था, इतना सरल और फिर भी इतना असाधारण कि मैं उस पर विश्वास नहीं कर पा रहा था। वह था—मेरे कान मेरे दुश्मन थे।

यह एक रहस्योद्घाटन की तरह मुझ पर प्रकट हुआ कि जब मैं विदेश यात्रा कर रहा था, तो मैं बाजार का आकलन या उन कुछ स्टॉक्स का, जिनमें मुझे दिलचस्पी थी, शांति से, तटस्थता से, बिना किसी रुकावट या अफवाह के, पूरी तरह से भावना और अहंकार के बिना करने में सक्षम था।

मैंने केवल अपने दैनिक टेलीग्राम के आधार पर संचालन किया था, जिसने मुझे मेरा परिप्रेक्ष्य दिया था। उसने मुझे दिखाया कि मेरे शेयर किस तरह का व्यवहार कर रहे थे। अन्य कोई प्रभाव नहीं थे, क्योंकि मैं कुछ और देखता या सुनता नहीं था।

न्यूयॉर्क में ऐसा कुछ नहीं था। वहाँ रुकावटें, अफवाहें, आतंक, विरोधाभासी जानकारियाँ थीं और यह सब मेरे कान में पड़ रही थीं। इसके परिणामस्वरूप मेरी भावनाएँ शेयरों के साथ शामिल हो गईं और मेरा ठंडा, नैदानिक दृष्टिकोण चला गया।

मैंने तय किया कि केवल एक ही उत्तर है। मुझे खुद को खोजने की कोशिश करनी चाहिए। मुझे यहाँ से तुरंत चले जाना चाहिए, न्यूयॉर्क से बहुत दूर, इससे पहले कि मैं अपना सारा पैसा गँवा दूँ।

केवल एक चीज थी, जिसने मुझे इस अवधि के दौरान पूरी तरह से बरबाद होने से बचाया। और वह यह थी कि यूनिवर्सल कंट्रोल्स और थिओकोल अच्छा व्यवहार कर रहे थे और मैंने उन्हें नहीं छेड़ा। मुझे अब समझ में आ रहा है कि मैंने ऐसा केवल इसीलिए किया, क्योंकि मैं उनके बारे में परेशान होने के लिए बहुत व्यस्त था। मैं अन्य शेयरों में व्यापार कर रहा था, जो मुझे घाटा दे रहे थे।

मैंने स्थिति की समीक्षा की और इन दोनों को छोड़कर हर शेयर से छुटकारा पा लिया। फिर मैंने पेरिस के लिए एक विमान लिया। हालाँकि जाने से पहले, मैंने एक बहुत महत्त्वपूर्ण निर्णय लिया। मैंने अपने ब्रोकरों को निर्देश दिया कि

वे मुझे किसी भी बहाने से कभी टेलीफोन न करें, न ही किसी तरह की कोई भी जानकारी दें। एकमात्र संचार, जो मैं उनसे और वॉल स्ट्रीट से चाहता था, वह मेरा सामान्य दैनिक टेलीग्राम था।

मैं चकराया हुआ पेरिस में घूम रहा था, मेरा सिर अभी भी स्टॉक मार्केट उद्धरणों के धुँधले, अर्थहीन कॉलमों के साथ घूम रहा था। मेरे दैनिक तार आए—और वे मुझे बहुत समझ में नहीं आए। मैंने अपना स्पर्श पूरी तरह से खो दिया था। मैं एक ऐसे आदमी की तरह महसूस कर रहा था, जिसके साथ एक भयानक दुर्घटना हुई है और उसे लगता है कि वह फिर कभी ठीक नहीं होगा। मैं पूरी तरह से हतोत्साहित हो चुका था।

फिर जब मुझे लगने लगा कि मेरी यह स्थिति स्थायी थी, तब कुछ हुआ। मुझे पेरिस में लगभग दो सप्ताह हो गए थे, जब एक दिन मैंने होटल जॉर्जेस वी में अपना दैनिक टेलीग्राम उठाया। जब मैं उसे उत्साहहीनता से देख रहा था तो पता नहीं कैसे आँकड़े कुछ कम धूमिल लगे। पहले तो मुझे विश्वास नहीं हुआ। मैंने खुद को उन्हें ऐसे घूरते महसूस किया, जैसे मैंने उन्हें पहले कभी नहीं देखा था। मुझे डर था कि मैं केवल चीजों की कल्पना कर रहा था।

मैं बेसब्री से अगले दिन के टेलीग्राम का इंतजार करने लगा। जब मुझे वह मिला, तो कोई संदेह नहीं रह गया—आँकड़े और स्पष्ट और अधिक परिचित थे। जैसेकि एक परदा उठाया जा रहा हो, एक बार फिर मेरी आँखों के सामने चित्र बनने लगे, जो मुझे स्टॉक के भविष्य के बारे में कुछ जानकारी दे रहे थे।

आनेवाले दिनों में मेरे टेलीग्राम और स्पष्ट होते गए, मैंने अपने पुराने स्व की तरह उद्धरण पढ़ना शुरू कर दिया। एक बार फिर मैं देख सकता था कि कुछ शेयर मजबूत थे और कुछ अन्य कमजोर। इसके साथ ही मेरी 'भावना' वापस आने लगी। धीरे-धीरे, एक अमान्य की तरह मेरा आत्मविश्वास वापस लौटने लगा। मैंने फिर से बाजार में जाने की कोशिश करने के लिए पर्याप्त साहस प्राप्त कर किया।

लेकिन मैंने अपना सबक सीख लिया था। मैंने इसे एक स्थायी नियम बनाने का निर्णय कर लिया कि मुझे फिर से ब्रोकरेज (दलाली) कार्यालय नहीं जाना चाहिए। इसके अलावा, मेरे ब्रोकरों को टेलीफोन उठाने और मुझे

कॉल करने से प्रतिबंधित किया जाना चाहिए। मुझे केवल टेलीग्राम द्वारा स्टॉक कोटेशन मिलने चाहिए—और कुछ नहीं।

अगर मैं न्यूयॉर्क होटल में लौट भी जाता, जो मेरे विनाशकारी सौदों का दृश्य है और वॉल स्ट्रीट से एक छोटी टैक्सी यात्रा की दूरी पर है, तो भी मेरे निर्देश अटल होंगे। मुझे वॉल स्ट्रीट को खुद से हजारों मील दूर रखना चाहिए। मेरे ब्रोकरों को प्रतिदिन मुझे टेलीग्राम भेजना चाहिए, जैसे कि मैं हाँगकाँग, कराची या स्टॉकहोम में था।

इसके अलावा, मेरे ब्रोकरों को मेरे लिए कभी कोई स्टॉक उद्धृत नहीं करना चाहिए, सिवाय उनके जो मैंने माँगे थे। उन्हें मुझे किसी नए स्टॉक के बारे में नहीं बताना चाहिए, क्योंकि यह तुरंत अफवाह की श्रेणी में आ जाएगा। मैं हमेशा की तरह, अपने नए वित्तीय पत्रों को पढ़कर, नए स्टॉक खुद ही चुनूँगा। जब मैं एक ऐसा स्टॉक देखूँगा, जो मुझे दिलचस्प लगेगा और ऊपर चढ़ने की तैयारी में प्रतीत होगा, तो मैं उसके लिए उद्धरण माँगूँगा। मैं एक बार में केवल एक ही नया उद्धरण माँगूँगा। फिर, जैसा मैं पहले करता था, मैं यह तय करने से पहले उसका ध्यान से अध्ययन करूँगा कि वह प्रवेश करने योग्य है या नहीं।

एक ऐसे आदमी की तरह, जो एक विमान दुर्घटना में बच गया है और जानता है कि उसे तुरंत फिर से उड़ान भरनी चाहिए, वरना वह अपना साहस खो देगा, मुझे इस सिद्धांत को त्रुटिहीन बनाने का एक ही तरीका मालूम था। मैंने खुद को वापस न्यूयॉर्क जानेवाले विमान में बुक कर लिया।

□

10

दो मिलियन डॉलर

जब मैं फरवरी 1959 के तीसरे सप्ताह में न्यूयॉर्क वापस लौटा, तो मैं अपनी पागलपन की अवधि के सदमे से पूरी तरह उबर चुका था और मैंने फिर से बाजार में निवेश करना शुरू कर दिया।

मैं अभी भी अपनी मूर्खता के घावों को महसूस कर सकता था, लेकिन मैं एक ऐसे व्यक्ति की तरह था, जो एक बुरे अनुभव के बाद और भी मजबूत और बेहतर महसूस करता है। मैंने अपना आखिरी पाठ सीख लिया था। मैं अब जानता था कि मुझे उस प्रणाली पर सख्ती के साथ टिके रहना होगा, जिसे मैंने खुद के लिए उकेरा था। मैं जान चुका था कि अगर मैं एक बार भी उससे विचलित हुआ, तो मैं मुश्किल में पड़ जाऊँगा। मेरी पूरी वित्तीय संरचना त्वरित रूप से खतरे में थी—वह ताश के पत्तों की तरह ढह सकती थी।

न्यूयॉर्क में मेरा पहला कदम अपने चारों ओर एक लोहे की बाड़ खड़ी करना था, यह सुनिश्चित करने के लिए कि मैं अपनी पिछली त्रुटियों को न दोहराऊँ।

मैंने पहले अपने सौदों को छह ब्रोकरों के बीच फैलाने का फैसला किया। इस तरह मेरे संचालनों का अनुसरण नहीं किया जाएगा। उनकी ओर से किसी भी संभावित हस्तक्षेप के खिलाफ खुद को बचाने के लिए मैंने अपना घेरा डाल दिया। यह सुरक्षा का एक तरीका है, जिसका उपयोग मैं आज भी कर रहा हूँ।

मैंने यह इस तरह किया। मैंने अपने ब्रोकरों से कहा कि वे वॉल स्ट्रीट बंद होने के समय के बाद अपने टेलीग्राम भेजें, ताकि वे शाम छह बजे मेरे पास पहुँच जाएँ। यह लगभग वह समय है, जब मैं सोकर उठता हूँ—कई वर्षों तक नाइट क्लबों में प्रदर्शन करने का परिणाम। इस बीच, दिन के दौरान, टेलीफोन ऑपरेटर

को निर्देश होता है कि वह मेरे पास कोई भी कॉल न आने दें।

इस तरह वॉल स्ट्रीट में सबकुछ तब होता है, जब मैं बिस्तर में होता हूँ। मैं सो रहा होता हूँ, जबकि वे काम कर रहे होते हैं और वे न तो मुझ तक पहुँच सकते हैं और न ही मुझे परेशान कर सकते हैं। मेरा प्रतिनिधि, स्टॉप लॉस ऑर्डर, कुछ अप्रत्याशित होने की स्थिति में मेरा प्रतिनिधित्व करता है।

शाम 7 बजे मैं अपने दैनिक टेलीग्राम का अध्ययन करते हुए काम करना शुरू कर देता हूँ और तय करता हूँ कि मेरे भविष्य के सौदे क्या होंगे। ऐसा करने से पहले, मैं दोपहर के समाचार-पत्र की एक प्रति खरीदता हूँ, जिसमें वॉल स्ट्रीट के समापन मूल्य होते हैं। मैं उन पन्नों को फाड़ लेता हूँ, जिनमें दिन के उद्धरण दिए होते हैं और बचे हुए वित्तीय हिस्से को फेंक देता हूँ। मैं कोई भी वित्तीय कहानियाँ या टिप्पणियाँ पढ़ने की इच्छा नहीं रखता, चाहे वे कितनी ही अच्छी सूचनाएँ देती हों। वे मुझे भटका सकती हैं।

फिर, अपने टेलीग्राम और अखबार से निकाले पन्ने के साथ मैं काम करने बैठ जाता हूँ, जबकि वॉल स्ट्रीट सो रहा होता है।

उन हफ्तों के दौरान जो मैंने अपने घायल आत्मविश्वास की मरम्मत में बिताए थे, वे दो शेयर, जिन्हें मैंने नहीं बेचा था, लगातार ऊपर जा रहे थे, यूनिवर्सल कंट्रोल्स लगभग निर्बाध रूप से बढ़ता रहा, जब तक कि वह 60 के आसपास नहीं खड़ा हो गया। यह मेरी पिछली न्यूयॉर्क यात्रा के बाद से 40 प्रतिशत से अधिक वृद्धि थी। थिओकोल भी समान रूप से अच्छा व्यवहार कर रहा था और अब 110 के पार जा रहा था।

यह वास्तव में बहुत आशाजनक था। मैंने तय किया कि मेरे पास उन्हें छूने का कोई कारण नहीं था। अपने कड़वे अनुभव से लैस और अपने नए मजबूत घेरे के पीछे अच्छी तरह से मोर्चाबंद, मैंने सतर्क आत्मविश्वास के साथ बाजार में कदम रखना शुरू कर दिया। ये मेरे कुछ सफल ऑपरेशन थे—

1,000 जनरल टायर ऐंड रबर		
56 पर खरीदा	($56,446.00)	
69½ पर बेचा	($69,151.01)	
		लाभ $12,705.01
1,000 सेनको इंस्ट्रूमेंट्स		
19½ पर खरीदा	($19,775.00)	
23½ पर बेचा	($23,247.63)	
		लाभ $3,472.63
500 अमेरिकन फोटोकॉपी		
71½ पर खरीदा	($35,980.75)	
79½ पर बेचा	($39,570.92)	
		लाभ $3,590.17
1,000 यूनियन ऑयल ऑफ कालिफ		
46 पर खरीदा	($46,420.00)	
50 पर बेचा	($49,669.00)	
लाभ $3,249.00		
500 पोलेरॉइड		
121 पर खरीदा	($60,755.50)	
127 पर बेचा	($63,299.08)	
		लाभ $2,543.58
500 ब्रन्सविक-बाल्के-जोलेंडर		
71¾ पर खरीदा	($35,855.65)	
77 पर बेचा	($38,322.08)	
		लाभ $2,466.43

500 बेल ऐंड हॉवेल		
93 पर खरीदा	($46,741.50)	
99¼ पर बेचा	($49,436.81)	
		लाभ $2,695.31

क्योंकि यह स्टॉक मार्केट था, मेरे सभी सौदे सफल नहीं हुए। मेरे खरीदे हुए कई शेयरों ने वैसा व्यवहार नहीं किया, जैसा मेरा अनुमान था। ये मेरे कुछ सौदे हैं, जो घाटे के साथ समाप्त हुए—

1,000 सेनको इंस्ट्रूमेंट्स		
23 पर खरीदा	($23,300.00)	
22 पर बेचा	($21,755.76)	
		घाटा $1,544.24
500 रेचहोल्ड केमिकल्स		
65 पर खरीदा	($32,727.50)	
63¾ पर बेचा	($31,703.17)	
		घाटा $1,024.33
1,000 फैनस्टील		
63½ पर खरीदा	($63,953.50)	
62 पर बेचा	($61,657.96)	
		घाटा $2,295.54
500 फिलाडेल्फिया ऐंड रीडिंग		
131 पर खरीदा	($65,760.50)	
129¾ पर बेचा	($64,672.79)	
		घाटा $1,087.71

ये दोनों तालिकाएँ मेरे तरीके की पूरी तरह पुष्टि करती हैं। आप देखेंगे कि प्रत्येक मामले में मैं निवेश की गई राशियों के अनुपात में घाटे से बड़ा लाभ लेने में सफल रहा। याद रखें कि ये सभी संचालन पूरी तरह से न्यूयॉर्क से न्यूयॉर्क तक टेलीग्राम द्वारा किए गए थे। मैंने अपने ब्रोकरों से एक बार भी मुलाकात या बात नहीं की थी। दिन के कारोबार के दौरान कई बार जब मेरी कुछ होल्डिंग्स मरते हुए पक्षियों की तरह फड़फड़ाने और गिरने लगती थीं, तो उन्हें एक टेलीफोन उठाकर मुझे सचेत करने की खुजली होती होगी। उन्हें लगता होगा कि उन्हें ऐसा करने से मना करनेवाला मैं दुनिया में सबसे बड़ा मूर्ख हूँ। लेकिन मेरा नियम कठोर था। मैं समाचार—अच्छा या बुरा—हर दिन शाम 6 बजे सुनता था, जब मेरे तार आते थे। फिर मैं काम करना शुरू करता था।

उन कुछ हफ्तों के दौरान, जो मैंने न्यूयॉर्क में इस तरह व्यापार करते हुए बिताए, यूनिवर्सल कंट्रोल्स में संकट के संकेत दिखाई देने लगे। उसकी निरंतर ऊपर की ओर अग्रसर प्रगति धीमी होने लगी। उसकी गतिविधि और मूल्य वृद्धि अनियंत्रित हो गई—बहुत अनियंत्रित।

यह मुसीबत का संकेत था और मुसीबत आई भी। मार्च के पहले सप्ताह में 66 से आगे बढ़ने के बाद, स्टॉक तीन सप्ताह के भीतर बढ़कर 102 हो गया। इस बिंदु पर उसने अपनी गति को बदल दिया और दूसरी दिशा में जाना शुरू कर दिया। मुझे इस गिरावट का अंदाज बिल्कुल पसंद नहीं आया। वह ऐसे गिरा, जैसे एक एयर पॉकेट में हो और उसके ऊपर उठने का कोई संकेत नहीं दिख रहा था। मुझे कोई संदेह नहीं था कि छुट्टियाँ खत्म हो गई हैं। अगर मैं सावधान नहीं रहा तो मैं मुँह के बल गिर सकता हूँ, इसीलिए मैं अपना स्टॉप लॉस दिन के समापन मूल्य के दो अंकों के भीतर ले आया। मुझे अगली सुबह 86¼ और 89¾ के बीच अलग-अलग कीमतों पर यूनिवर्सल कंट्रोल्स से बाहर बेच दिया गया। यह उच्च से 12 अंक से अधिक था। मैं इससे काफी संतुष्ट था। मेरे पास दु:खी होने का कोई कारण नहीं था। मैंने एक अच्छी लंबी सवारी की थी और मेरा कुल बिक्री मूल्य $5,24,669.97 था। इससे मुझे $4,09,356.48 का लाभ हुआ।

मेरे पास अब निवेश करने के लिए बहुत बड़ी पूँजी थी। मैंने बाजार पर

सावधान नजर डाली, हमेशा की तरह एक सक्रिय रूप से कारोबार किए गए उच्च मूल्यवाले स्टॉक के लिए। इस बिंदु पर एक और समस्या उत्पन्न हुई, जिसने उपयुक्त स्टॉक को ढूँढ़ना अधिक कठिन बना दिया। खर्च करने के लिए इतनी राशि के साथ मुझे सावधान रहना होगा कि मैं अपनी खरीद को बाजार को प्रभावित करने की अनुमति न दूँ।

कुछ खोज के बाद मेरी नजर एक स्टॉक पर पड़ी, जो इन सभी कठिन आवश्यकताओं को पूरा कर रहा था। यह टेक्सस इंस्ट्रूमेंट्स था।

मैंने अपने पहले 2,000 शेयर अप्रैल के दूसरे सप्ताह में 94⅜ के औसत मूल्य पर और 1,500 और शेयर 97⅞ पर खरीदे। चूँकि स्टॉक ने अच्छा प्रदर्शन जारी रखा, मैंने अपनी होल्डिंग्स में 2,000 शेयर जोड़ लिये। इस अंतिम खरीद का औसत मूल्य 101% था। इसमें जैसा कि आप समझते हैं, बड़ा पैसा शामिल था, वास्तव में आधा मिलियन डॉलर से अधिक। मेरी टेक्सस इंस्ट्रूमेंट्स की खरीद का विवरण कुछ इस प्रकार था—

2,000 शेयर	94¾ पर	$1,89,718.80
1,500 शेयर	97⅞ पर	$1,47,544.35
2,000 शेयर	101⅞ पर	$2,04,733.80
कुल 5,500 शेयर		$5,41,996.95

अब जब यूनिवर्सल कंट्रोल्स से निकाली गई मेरी पूँजी का पुनः निवेश हो चुका था, मैंने अपना ध्यान एक बार फिर से थिओकोल पर केंद्रित कर दिया।

थिओकोल और मैं अब लंबे समय के साथी थे और सभी पुराने समय के साथियों की तरह हमारा एक विशेष रिश्ता था। मैंने हमेशा थिओकोल को अन्य शेयरों की तुलना में अधिक छूट दी थी—आंशिक रूप से इसलिए, क्योंकि मैं वास्तव में इस स्टॉक को 'महसूस' करता था और इसलिए भी कि मुझे विशेष सदस्यता खाते द्वारा बड़ा लाभ मिलता था।

इस तरह की एक अनूठी क्रेडिट व्यवस्था को छोड़ना मूर्खतापूर्ण होता, इसीलिए मैंने हमेशा अपने अनुगामी स्टॉप लॉस को उसके उत्थान के बहुत

पीछे रखा। यह मैं किसी अन्य स्टॉक के साथ नहीं करता, लेकिन थिओकोल के मामले में, इसने मुझे दो बार बेचे जाने से बचाया। दूसरी बार तब था, जब अप्रैल के पहले सप्ताह में इसकी बहुत खराब प्रतिक्रिया हुई थी। यह प्रतिक्रिया 3-पर-1 विभाजन की घोषणा के बाद आई। यह इतनी गंभीर थी कि मुझे लगा कि हमें अलग होना होगा, लेकिन मैंने अपने स्टॉप लॉस पर निर्णय छोड़ दिया।

यह नहीं छुआ गया था और डूबने की अवधि के बाद जल्दी ही एक जोरदार वृद्धि आई। हालाँकि मैं अकेला नहीं था, जो थिओकोल को पसंद करता था। नव-विभाजित स्टॉक को एक जबरदस्त सार्वजनिक प्रतिक्रिया मिली, जिसने इसे मई के पहले सप्ताह में 72 की ऊँचाई तक पहुँचा दिया।

प्रतिक्रिया बहुत अच्छी थी। उसने यह अद्भुत स्थिति उत्पन्न की—

सप्ताह के लिए इसकी गतिविधि 5,49,400 शेयरों की अविश्वसनीय मात्रा थी।

सप्ताह के लिए इसकी बढ़त 13¼ अंक थी।

व्यापारिक मात्रा $4,00,00,000 के कुल मूल्य का प्रतिनिधित्व कर रही थी।

सप्ताह के लिए मूल्य अंतर $70,00,000 था।

ऐसा लग रहा था कि न्यूयॉर्क स्टॉक एक्सचेंज के प्रत्येक व्यापारी ने पूरे सप्ताह और कुछ नहीं किया, बस थिओकोल के अंदर और बाहर आता रहा।

बेशक, यह टिक नहीं सका। न्यूयॉर्क स्टॉक एक्सचेंज के गवर्नरों ने सभी स्टॉप ऑर्डर निलंबित करने का निर्णय ले लिया। इसका असर यह हुआ कि अधिकांश व्यापारियों ने स्टॉक से किनारा कर लिया। वे ऐसे स्टॉक को खरीदना और बेचना नहीं चाहते थे, जहाँ वे अपनी सुरक्षा नहीं कर सकते थे। इसका मतलब यह भी था कि मैं स्वतः ही स्टॉक से बाहर हो गया था। उन्होंने मेरा सबसे शक्तिशाली उपकरण मुझसे ले लिया था और मैं उसके बिना काम नहीं कर सकता था।

मैंने अपनी थिओकोल होल्डिंग्स को 68 के औसत मूल्य पर बेच दिया। इसने मुझे 3-पर-1 विभाजन के तहत, मेरे मूल 6,000 शेयरों में से प्रत्येक के लिए $200 से अधिक दिया। मैंने कुल $3,50,820 का भुगतान किया। मेरे

18,000 विभाजित शेयरों के लिए मुझे $12,12,851.52 प्राप्त हुए। मेरा लाभ $8,62,031.52 था।

बाजार में एक मिलियन डॉलर वापस डालने की संभावना ने एक भारी समस्या पैदा कर दी। मुझे दोगुना सावधान रहना होगा। दूसरे स्टॉक में आसानी से डालने के लिए यह बहुत सारा पैसा था। यह इतनी बड़ी राशि थी कि मेरी खरीद से बाजार का प्रभावित होना निश्चित था।

मुझे इस तथ्य का भी सामना करना पड़ा कि मेरा स्टॉप लॉस अब व्यावहारिक नहीं होगा, क्योंकि कोई भी व्यापारी या विशेषज्ञ कुछ सेकंड में इतनी बड़ी मात्रा में स्टॉक को अवशोषित नहीं करेगा।

केवल एक ही काम हो सकता था—मैंने अपने फंड को दो भागों में विभाजित करने का फैसला किया। एक बार जब मैंने ऐसा करने का मन बना लिया, तो चयन तुलनात्मक रूप से आसान हो गया। मुझे केवल चार शेयरों में से एक तय करना था—जेनिथ रेडियो, लिटन इंडस्ट्रीज, फेयरचाइल्ड कैमरा और बेकमैन इंस्ट्रूमेंट्स।

मैं इन सभी को लंबे समय से देख रहा था। वे सभी उपयुक्त थे, जहाँ तक मेरे तकनीकी कट्टरपंथी सिद्धांतों का संबंध था। अब केवल यह देखना रह गया था कि मुझे उनमें से किन दो का चयन करना चाहिए। ऐसा करने का केवल एक ही तरीका था—बाजार में उनकी ताकत को देखकर निर्णय लेना।

उस तकनीक का उपयोग करके जो मैंने इतनी सफलतापूर्वक यूनिवर्सल कंट्रोल्स और थिओकोल के साथ प्रयुक्त की थी, मैंने 13 मई, 1959 को इन चारों में एक पायलट खरीदारी की।

500 शेयर	जेनिथ रेडियो	104 पर	($52,247)
500 शेयर	बेकमैन इंस्ट्रूमेंट्स	66 पर	($33,228)
500 शेयर	फेयरचाइल्ड कैमरा	128 पर	($64,259)
500 शेयर	लिटन इंडस्ट्रीज	112 पर	($56,251)

इन शेयरों में से प्रत्येक पर मैंने खरीद मूल्य से 10 प्रतिशत नीचे का स्टॉप लॉस ऑर्डर लगाया।

मैं पूरी तरह से अवगत था कि ये स्टॉप लॉस अस्पष्ट और बहुत यांत्रिक थे। यह एक सुविचारित, भले ही अनाड़ी, विधि थी। मैंने जानबूझकर इस प्रणाली का इस्तेमाल किया, क्योंकि मैं जानता था कि देर-सवेर यह उन चारों में से सबसे कमजोर को हटा देगी।

18 मई को मुझे 60 पर बेकमैन इंस्ट्रूमेंट्स से 60 पर स्टॉप आउट कर दिया गया और 19 मई को मैंने लिटन इंडस्ट्रीज बेचने का फैसला किया, जो 106¼ पर दूसरों से भी बदतर काम कर रही थी। अब मैंने शेष स्टॉक्स पर अपने स्टॉप लॉस को समायोजित किया।

वह मई का चौथा सप्ताह था, जब मैं दो मजबूत शेयरों में $10,00,000 से अधिक स्विच करने के लिए आगे बढ़ा। ये मेरी कुल खरीदारी थीं—

जेनिथ रेडियो		
500 शेयर	104 पर	$52,247.00
1,500 शेयर	99¾ पर	$1,50,359.70
1,000 शेयर	104 पर	$1,04,494.00
1,000 शेयर	105¼ पर	$1,05,745.30
1500 शेयर	107½ पर	$1,61,996.25
कुल 5,500 शेयर		**$5,74,842.25**
फेयरचाइल्ड कैमरा		
500 शेयर	128 पर	$64,259.00
1,000 शेयर	123¼ पर	$1,23,763.30
1,000 शेयर	125 पर	$1,25,515.00
1,000 शेयर	126¼ पर	$1,26,766.30
1,000 शेयर	127 पर	$1,27,517.00
कुल 4,500 शेयर		**$5,67,820.60**

मेरे अल्पकालिक व्यापार को छूट देते हुए, मेरे फंड को इस तरीके से स्टॉक से स्टॉक में बदल दिया गया—

मार्च-अप्रैल 1959		
यूनिवर्सल कंट्रोल्स बेचा	$5,24,670	
टेक्सस इंस्ट्रूमेंट्स खरीदा		$5,41,997
मई 1959		
थिओकोल केमिकल बेचा	$1,212,850	
जेनिथ रेडियो खरीदा		$5,74,842
फेयरचाइल्ड कैमरा खरीदा		$5,67,821
कुल राशि प्राप्त	**$1,737,520**	
मार्जिन ऋण	$2,74,600	
	$14,62,920	
पिछले संचालनों से उपलब्ध नकदी	$70,000	
पुनर्निवेश के लिए उपलब्ध	$15,32,920	

कुल पुनर्निवेश (90 प्रतिशत मार्जिन पर) $16,84,660

उस समय मेरे छह ब्रोकर थे। मैंने उनमें से तीन के साथ अपना खाता बंद कर दिया। फिर मैं पीछे बैठकर अपने पास मौजूद शेयरों पर नजर रखने लगा। मेरे पास करने के लिए और कुछ नहीं था, जबकि टेक्सस इंस्ट्रूमेंट्स, जेनिथ रेडियो और फेयरचाइल्ड कैमरा मेरे लिए काम कर रहे थे।

जून के दौरान टेलीग्राम वॉल स्ट्रीट और प्लाजा होटल के बीच आते रहे। वे वेस्टर्न यूनियन ऑपरेटरों के लिए अर्थहीन थे, लेकिन वे मेरे लिए बहुत मायने रखते थे। उदाहरण के लिए, 9 जून को मुझे निम्नलिखित टेलीग्राम मिला—

Z 122½ (124–116¾) T 119¼ (121½–117¼) F 125 (126–121)

अगले दिन का टेलीग्राम यह था—

Z 132⅜ (132½–125) T 123¾ (123⅞–120⅜) F 130 (130–126½)

वे ऑपरेटर के लिए उबाऊ, अर्थहीन चित्रलिपि थे, लेकिन वे मेरे लिए बहुत मायने रखते थे। उन्होंने मुझे बताया कि मेरी होल्डिंग की कीमत उस एक दिन में $1,00,000 बढ़ गई थी!

वह एक अजीब जीवन होने लगा था। मैं प्रतिदिन शाम को प्लाजा में बैठकर अपने टेलीग्राम को पढ़ता और फाइल करता था। इसके आगे मैं कुछ नहीं कर सकता था। मैं उत्तेजित और बेचैन, लेकिन शक्तिहीन महसूस कर रहा था। मैं एक वैज्ञानिक की तरह था, जिसने वर्षों के काम और अनुसंधान के बाद सफलतापूर्वक चंद्रमा पर एक रॉकेट लॉन्च कर दिया है और अब जैसे-जैसे वह उसे ऊँचा और ऊँचा जाते देख रहा है, उसे उपलब्धि की एक जबरदस्त भावना महसूस हो रही है और साथ ही निष्क्रियता का एक अजीब सा अहसास भी हो रहा है।

उसकी तरह, मैं भी अब किनारे खड़ा था, बस चौकसी करते हुए, जबकि मेरे शेयरों का अच्छी निर्मित मिसाइलों की तरह तेजी से चढ़ना जारी था।

फिर एक दिन जुलाई की शुरुआत में मुझे मोंटे कार्लो में 'स्पोर्टिंग क्लब' में आने का प्रस्ताव मिला। मैंने उसे सहर्ष स्वीकार कर लिया। मेरी अतीत की सभी परेशानियों और तनातनी के बाद खाली बैठे रहने से मुझे थोड़ी ऊब होने लगी थी।

न्यूयॉर्क से निकलने की तैयारियाँ करने से पहले मैंने अपने ब्रोकरों से मुझसे मिलने के लिए कहा। मैंने उनमें से प्रत्येक के साथ अपने खातों की जाँच की। मैंने पाया कि अगर मैं यूरोप के लिए उड़ान भरने से पहले अपने शेयर बेचता हूँ तो मैं अपने 22,50,000 डॉलर से अधिक के स्टॉक से प्राप्ति कर सकता था।

इस समाचार पर मेरी क्या भावना थी? उत्साह? उत्तेजना है कि मैं अब दो करोड़ से अधिक का मालिक था? सटीक रूप से नहीं। मैं खुश था, लेकिन उत्साहित नहीं था। जब मैंने डाइनर्स क्लब से अपने पहले $10,000 बनाए थे तो मैं इससे अधिक उत्साहित था। बल्कि इस बार मैं एक धावक की तरह महसूस कर रहा था, जिसने कड़ा प्रशिक्षण लिया है और कई हारें झेली हैं और अब जीत की ओर अग्रसर है।

मैं भी उसी दुविधा का सामना कर रहा था, जिससे मैं पहले से परिचित था—क्या मुझे बेचना चाहिए?

क्या मुझे पूरी तरह से बाहर निकल जाना चाहिए?

इस बार जवाब आसान था। यह पुराना आजमाया हुआ और विश्वसनीय जवाब था—मेरे पास एक बढ़ते स्टॉक को बेचने का कोई कारण नहीं था। मैं बस प्रवृत्ति के साथ-साथ चलता रहूँगा और मेरे पीछे मेरा स्टॉप लॉस चलेगा। जब प्रवृत्ति बढ़ेगी, मैं और खरीदूँगा। यदि प्रवृत्ति उलट गई? मैं हमेशा की तरह एक परेशान चोर की तरह भाग जाऊँगा।

मैंने अपने सभी शेयरों पर नए स्टॉप लॉस लगा दिए, ताकि अगर मेरी यूरोप यात्रा के दौरान वे गिरते हैं तो उन्हें बेच दिया जाएगा और मेरे दो मिलियन बरकरार रहेंगे।

मैं संतुष्ट और आश्वस्त महसूस कर रहा था, जब मैं अपने ब्रोकरों से विदा लेने के बाद एक टैक्सी में फिफ्थ एवेन्यू के लिए रवाना हुआ।

मैंने प्लाजा होटल की लॉबी में प्रवेश किया, स्वचालित रूप से एक शाम का समाचार-पत्र खरीदा, वॉल स्ट्रीट के समापन मूल्यवाला पृष्ठ फाड़ा, बाकी के अखबार को फेंका, अपना 6 बजे वाला टेलीग्राम उठाया और लिफ्ट से ऊपर चला गया।

अपने कमरे में आकर मैंने टेलीग्राम खोला, अखबार का पन्ना फैलाया और एक खुशी भरी आह भरकर आराम से बैठ गया। केवल इसलिए नहीं कि मैंने दो मिलियन डॉलर कमाए थे, बल्कि इसलिए भी कि मैं वही कर रहा था, जो मुझे सबसे अच्छा लगता था।

मैं तब काम कर रहा था, जब वॉल स्ट्रीट सो रहा था।

□

टाइम मैगजीन के साथ साक्षात्कार

वह मई 1959 थी—मुझे स्मिथ बंधुओं द्वारा ब्रीलंड नामक कनाडाई स्टॉक की पेशकश किए जाने के साढ़े छह वर्ष बाद। ऐसा लग रहा था कि पहिया पूरा चक्र घूम चुका है, क्योंकि उस समय की तरह मैं फिर से न्यूयॉर्क में 'लैटिन क्वार्टर' में प्रदर्शन दे रहा था।

किसी तरह मेरे स्टॉक मार्केट सौदों के बारे में वॉल स्ट्रीट में बात होने लगी थी। मेरी सफलता की खबर लीक हो गई थी और धीरे-धीरे फैल गई थी।

मुझे आश्चर्य हुआ, जब एक दिन मेरे पास 'टाइम' के बिजनेस सेक्शन से टेलीफोन कॉल आया। उन्होंने कहा कि उन्होंने बाजार में मेरी सफलता के बारे में कुछ सुना था और पूछा कि क्या वे एक रिपोर्टर को मुझसे मिलने के लिए भेज सकते हैं?

अगले दिन वह आया और मैंने उसे वह सारे तथ्य बताए, जिनकी मदद से मैंने अपनी संपत्ति बनाई थी। मैंने उसे मेरे खाते, मेरे स्टेटमेंट, मेरे टेलीग्राम देखने की अनुमति दी। उसने उन्हें ध्यान से देखा और यह कहते हुए चला गया कि वह मेरी कहानी से बहुत प्रभावित था।

एक दिन बाद वह वापस आया और मुझे बताया कि उनके स्टाफ के व्यावसायिक विशेषज्ञों को बहुत उलझन हो रही थी। वे कह रहे थे कि यह कहानी सच नहीं हो सकती।

मुझे वास्तव में इस पर आश्चर्य नहीं हुआ, इसलिए मैंने उसे फिर से तथ्य और आँकड़े दिखाए।

उसने कई घंटों तक उनका अध्ययन किया और जब अंततः वह गया तो उनकी सटीकता को लेकर आश्वस्त लग रहा था।

लेकिन यह, मुझे पता चलनेवाला था, केवल प्रारंभिक झड़प थी। अगली सुबह उसने फोन करके पूछा कि क्या हम लंच (दोपहर के भोजन) के लिए मिल सकते है ? लंच से आधे घंटे पहले, उसने फिर से फोन किया और कहा कि वह एक वरिष्ठ संपादक को साथ ला रहा है, जो कहानी की पुष्टि करना चाहते हैं।

वे एक बजे लंच के लिए पहुँचे। एक बार फिर मैंने सारे वित्तीय विवरण सुनाए। वरिष्ठ संपादक को इतनी दिलचस्पी हो रही थी कि उन्होंने अपना खाना टेबल पर अनछुआ छोड़ दिया।

चार बजे, पूरी कहानी सुनने के बाद उन्होंने एक सैंडविच खाया। पाँच बजे वह रिपोर्टर के साथ रवाना हो गए। उन्होंने कोई टिप्पणी नहीं की थी, लेकिन वह स्पष्ट रूप से प्रभावित थे। मैंने कभी किसी आदमी को इतनी दिलचस्पी प्रदर्शित करते नहीं देखा था।

उस शाम छह बजे एक और फोन कॉल आया। इस बार 'टाइम' के वॉल स्ट्रीट विशेषज्ञ थे। उन्होंने कहा कि प्रबंध संपादक कहानी को तब तक छापने की अनुमति नहीं देंगे, जब तक कि 'टाइम' स्टाफ के तीन सदस्य सामूहिक रूप से यह प्रतिज्ञा नहीं करेंगे कि वे मुझसे मिले थे और सभी तथ्यों की जाँच की थी। उन्होंने, मुझे अत्यधिक हैरान करते हुए, मेरे नृत्य प्रदर्शन को देखने पर जोर दिया।

प्रबंध संपादक को न केवल स्टॉक मार्केट में मेरी सफलता पर संदेह था, बल्कि उनको स्पष्ट रूप से नहीं लगता था कि मैं नृत्य कर सकता हूँ!

सात बजे विशेषज्ञ पहुँच गए। पहले तो मैंने उन्हें जो कुछ भी बताया, उसे सुनकर और मेरे स्टॉक मार्केट संचालनों के बारे में मैंने जो भी सबूत पेश किए, उन्हें देखकर उन्होंने अविश्वास से सिर हिलाया। वह हर चीज पर अविश्वास करने के लिए दृढ़ लग रहे थे।

जब जूलिया और मैं मंच पर आए, तो वह हमारे नृत्य से प्रभावित लग रहे थे—इसलिए कम-से-कम यह कुछ तो था! मैं तीन दिनों से इस जिरह से गुजर रहा था और अब मैं इससे थोड़ा अशक्त हो रहा था। परिणामस्वरूप मैं अपनी प्रतिभा के शीर्ष पर महसूस नहीं कर रहा था और प्रदर्शन के अंत की ओर, जब मुझे एक जोरदार लिफ्ट करनी थी, तो मेरे दाहिने हाथ की एक मांसपेशी बुरी

तरह चोटिल हो गई। मैं बस किसी तरह एक्ट पूरा कर पाया।

उसी दर्द से पीड़ित हाथ के साथ मैं वॉल स्ट्रीट विशेषज्ञ के साथ उनकी सूक्ष्म वित्तीय जिरह जारी रखने के लिए बैठ गया।

वह चलती रही, कई घंटों तक। हर बार वह एक प्रश्न पर वापस आ जाते थे—मैंने अपने स्टॉक के सौदों के बारे में इतनी खुलकर बात क्यों की?

मैंने जवाब दिया कि ऐसा इसीलिए, क्योंकि मैं जो कर पाया था, उस पर मुझे गर्व था। मुझे लगता था कि मेरे पास छिपाने के लिए कुछ नहीं था।

आधी रात बीत चुकी थी, लेकिन इतने घंटों के दौरान मेरे जिज्ञासु ने एक भी पेय लेने से इनकार कर दिया। उन्होंने स्वीकार किया, काफी स्पष्ट रूप से कि वह मेरी प्रणाली या रिकॉर्ड्स में किसी भी खामी का पता लगाने के लिए अपना दिमाग साफ रखना चाहते थे।

फिर सुबह दो बजे उन्होंने अपना बॉल पॉइंट नीचे फेंक दिया। उन्होंने कहा, "चलो, एक ड्रिंक लेते हैं।" उनका अंतिम संदेह दूर हो गया था। वह आश्वस्त थे। उन्होंने अपना गिलास उठाया और बाजार में मेरी सफलता के लिए टोस्ट किया।

वह सुबह चार बजे वापस गए, लेकिन जाने से पहले उन्होंने मुझसे सलाह माँगी। मैंने उन्हें दी भी। मैंने उन्हें एक निश्चित स्टॉक खरीदने के लिए कहा, लेकिन केवल अगर वह 39¾ तक बढ़ता तब। उन्हें उस पर 38½ का स्टॉप लॉस भी लगाना था। मुझे उम्मीद है कि उन्होंने इस सलाह की अवहेलना करके एक निचले आँकड़े पर खरीद नहीं की होगी, क्योंकि वह कभी 39¾ तक नहीं पहुँचा। वह अचानक 22 पर गिर गया!

अगले सप्ताह लेख 'टाइम' में प्रकाशित हुआ, जिसके पास निश्चित रूप से एक अत्यधिक प्रभावशाली पाठक वर्ग है, विशेष रूप से वित्तीय हलकों में। इसका परिणाम यह हुआ कि मैं ज्यादातर—लेकिन सभी नहीं—वित्तीय पंडितों द्वारा एक अत्यधिक सफल, चाहे अपरंपरागत, स्टॉक मार्केट निवेशक के रूप में स्वीकार कर लिया गया।

दूसरा परिणाम था मेरी बुरी तरह से फटी हुई मांसपेशी। एक डॉक्टर ने मुझे बताया कि मुझे नृत्य करना पूरी तरह से बंद करना पड़ सकता है। उन्हें शक था

कि मैं कभी अपने साथी को दोबारा उठा पाऊँगा या नहीं।

दो सप्ताह बाद मैं हमेशा की तरह नृत्य प्रदर्शन कर रहा था। मैं तब से ऐसा करता आ रहा हूँ, शायद यह साबित करते हुए कि चिकित्सा विशेषज्ञ भी कभी-कभी वॉल स्ट्रीट के विशेषज्ञों के समान गलत हो सकते हैं।

□

परिशिष्ट

केबल

दुनिया के उनके दो साल के डांसिंग टूर ने डरवास को उनके और वॉल स्ट्रीट के बीच संचार के साधन के रूप में विशिष्ट रूप से टेलीग्राम पर भरोसा करने के लिए बाध्य किया। इसमें शामिल कई असुविधाओं के बावजूद, यह निवेश तकनीकों के संयोजन में एक महत्त्वपूर्ण तत्त्व बन गया, जो उन्हें शेयर बाजार में उनकी अंतिम सफलता तक ले गया।

निम्नलिखित वास्तविक टेलीग्रामों की प्रतिकृतियाँ हैं, जो दिखाती हैं कि कैसे वह दुनिया के किसी भी हिस्से से अपने स्टॉक मार्केट ऑपरेशन के सौदे करने में सक्षम थे। इनमें इन सौदों के विभिन्न चरणों के विशिष्ट उदाहरण शामिल हैं।

एक बार डरवास ने अपने ब्रोकर को निर्देश दिया था कि वह जिन शेयरों को उद्‌धृत करना चाहता है, उनके नामों के केवल प्रारंभिक अक्षर आवश्यक थे। यह इन संदेशों की कोड जैसी प्रकृति थी, जिसके कारण उन्हें टेलीग्राम कार्यालय के कर्मचारियों के साथ लगातार परेशानियों का सामना करना पड़ता था।

ऊपरी टेलीग्राम वह है, जिसे उन्होंने कराची, पाकिस्तान में प्राप्त किया था, यह सूचित करते हुए कि उनके ब्रोकर ने एक ऑन स्टॉप खरीद ऑर्डर निष्पादित किया था। इसी समय, दिन के समापन में, उन अन्य शेयरों के लिए उच्च और निम्न कीमतों को सूचीबद्ध किया गया था, जिनमें उस समय डरवास की दिलचस्पी थी—थिओकोल केमिकल, पोलेरॉइड, यूनिवर्सल कंट्रोल्स और लिटन इंडस्ट्रीज।

जब डरवास एक खरीद ऑर्डर देते थे, तो वे आमतौर पर स्टॉक का पूरा नाम देते थे। निचले टेलीग्राम में, जो इंडोचाइना में फनोमपेन्ह से था, उन्होंने

7¼ पर सेनको इंस्ट्रूमेंट्स के 500 शेयरों और 31¼ पर लोरिललार्ड के 200 शेयरों के लिए 'रद्द-होने-तक-अच्छा' (good-till-cancelled) ऑन स्टॉप ऑर्डर प्रसारित किया। दोनों ही मामलों में उन्होंने स्वचालित रूप से स्टॉप लॉस (क्रमशः 6⅛ और 29⅝) शामिल किया, जैसा कि उनका अभ्यास था। इसके अलावा, उन्होंने अपने ब्रोकर को अपने पते में अगले बदलाव से अवगत कराया और सेनको, हट्र्ज, थिओकोल और लोरिललार्ड के लिए दिन के समापन मूल्य भेजने का अनुरोध किया।

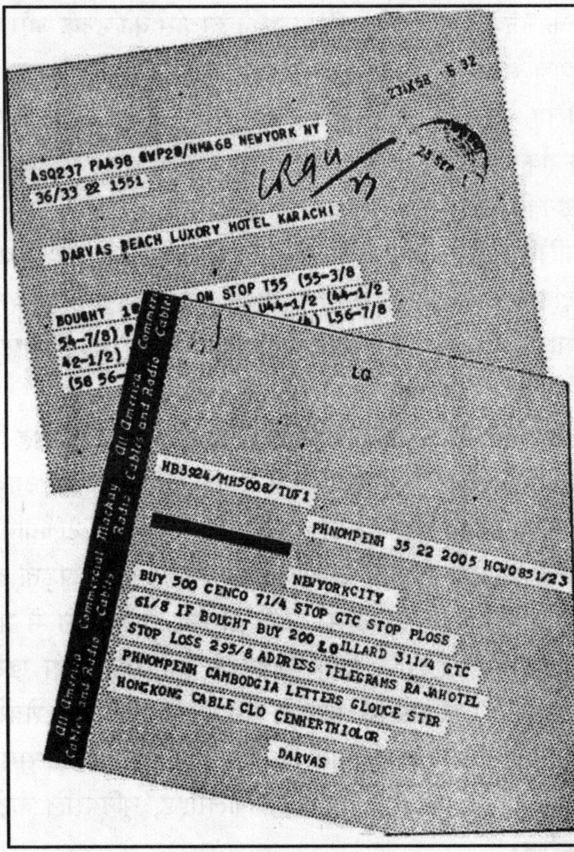

"हर खरीद ऑर्डर के साथ उनका स्वचालित स्टॉप लॉस होने के कारण डरवास अकसर एक दिन में स्टॉक से अंदर और बाहर होते थे। ऊपर के

टेलीग्राम में, जो उन्हें पेरिस में प्राप्त हुआ था, उन्हें सूचित किया गया था कि एक स्टॉक के 500 शेयर खरीदे गए थे और बाद में बेच दिए गए थे, क्योंकि कीमत 53⅞ के उनके स्टॉप लॉस बिंदु तक गिर गई थी। एक और खरीद की पुष्टि की गई और बोइंग, लिटन इंडस्ट्रीज और कई अन्य स्टॉक्स के लिए दिन के उद्धरण दिए गए। अंतिम आँकड़ा उस दिन के लिए संक्षिप्त रूप में डाउ-जोन्स इंडस्ट्रियल एवरेज का प्रतिनिधित्व करता है।

डरवास लगातार अपने दैनिक उद्धरणों के आधार पर आदेशों को बदलते या रद्द करते थे। मध्य टेलीग्राम में, जो उन्होंने नागोया, जापान से भेजा था, उन्होंने अपने ब्रोकर को एक पिछले डाइनर्स क्लब आदेश की मात्रा बढ़ाने का निर्देश दिया। बाद में उन्होंने इस विशेष आदेश को पूरी तरह से रद्द कर दिया।

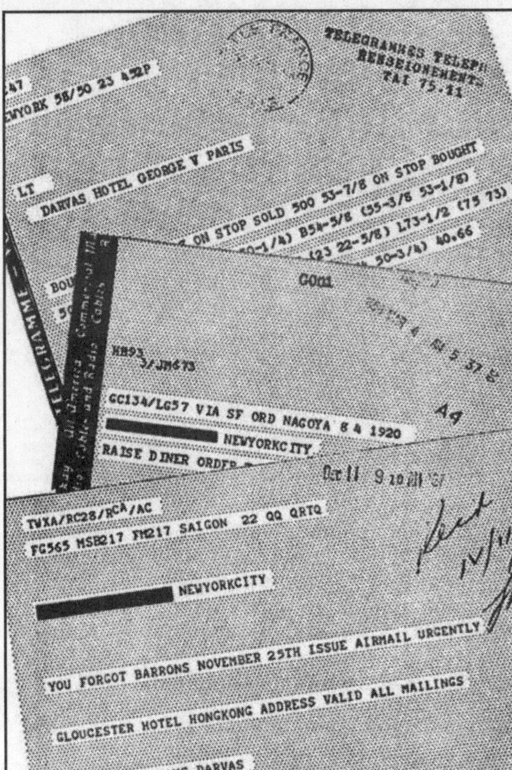
TELEGRAMMES TELEPH
RENSEIGNEMENT-
TAI 75.11
NEWYORK 58/50 23 452P
LT
DARVAS HOTEL GEORGE V PARIS
ON STOP SOLD 500 53-7/8 ON STOP BOUGHT
G001
HB93
3/JN673
GC134/LG57 VIA SF ORD NAGOYA 8 4 1920
NEWYORKCITY
RAISE DINER ORDER
TWXA/RC28/RCA/AC
FG565 MSB217 FM217 SAIGON 22 QQ QRTQ
NEWYORKCITY
YOU FORGOT BARRONS NOVEMBER 25TH ISSUE AIRMAIL URGENTLY
GLOUCESTER HOTEL HONGKONG ADDRESS VALID ALL MAILINGS
TELEGRAMS DARVAS

दैनिक टेलीग्रामों के अलावा, डरवास का वॉल स्ट्रीट के साथ एकमात्र संपर्क बैरन्स था, जो प्रकाशित होते ही उन्हें हर हफ्ते जल्द-से-जल्द एयरमेल किया जाता था। निचला टेलीग्राम, जो इंडोचाइना में साइगॉन से भेजा गया था, इस प्रकाशन की नियमित प्राप्ति पर उसकी पूरी निर्भरता को दरशाता है।

डरवास को हमेशा डर लगा रहता था कि तत्काल काररवाई की माँग करनेवाला कोई महत्त्वपूर्ण टेलीग्राम पारगमन में उनसे चूक सकता है। यह समस्या हल हो गई, जब उन्हें विचार आया कि वह अपने ब्रोकर को दोनों हवाई अड्डों पर, जहाँ वे विमान बदल रहे होंगे और उस होटल में, जहाँ वे पहुँचनेवाले थे, एक टेलीग्राम की प्रतियाँ भेजने का निर्देश दे सकते थे।

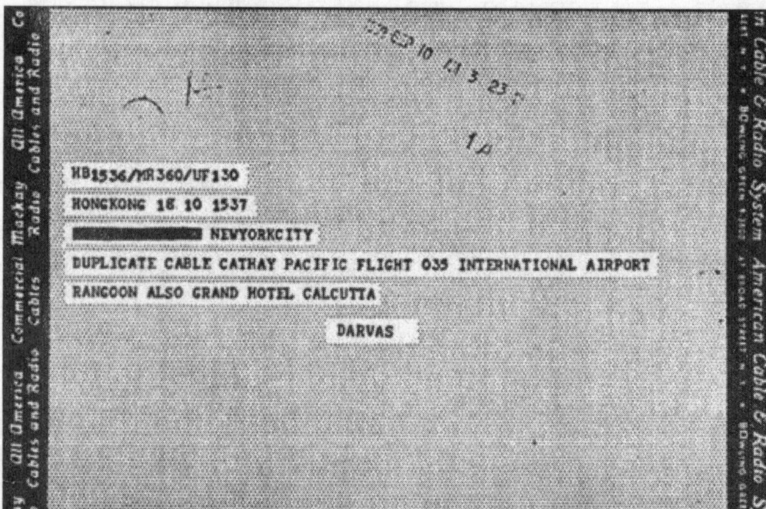

HB1536/MR360/UF130

HONGKONG 18 10 1537

NEWYORKCITY

DUPLICATE CABLE CATHAY PACIFIC FLIGHT 035 INTERNATIONAL AIRPORT

RANGOON ALSO GRAND HOTEL CALCUTTA

DARVAS

शेयरों की पूरी संख्या के लिए एक ऑन स्टॉप खरीद ऑर्डर हमेशा एक मूल्य पर निष्पादित नहीं किया जा सकता है। बाजार के अनुसार, खरीद कई खेपों में अलग-अलग कीमतों पर की जाती है, जो निर्दिष्ट खरीद मूल्य पर या उसके ऊपर शुरू होती है।

नेपाल के काठमांडू में प्राप्त इस टेलीग्राम के अनुसार, 500 परमेली ट्रांसपोर्टेशन के लिए डरवास का ऑर्डर दो कीमतों पर भरा गया था—400 शेयर

33½ पर और 100 शेयर 33¾ पर। स्टॉक 34 पर बंद हुआ था और दिन के लिए इसकी सीमा 34½ से 32⅝ थी।

डरवास का कहना है कि यह टेलीग्राम उन कई हस्तलिखित संदेशों की तुलना में असामान्य रूप से सुगम है, जिनके लिए उन्हें भारतीय दूतावास में फोन करना पड़ा था, जिसके पास बाहरी दुनिया के साथ एकमात्र टेलीग्राफिक लिंक था। परमेली, थिओकोल, यूनिवर्सल कंट्रोल्स, फेयरचाइल्ड कैमरा और लिटन इंडस्ट्रीज के लिए दिन के उद्धरण पर्याप्त रूप से स्पष्ट हैं। जहाँ तक अंतिम स्टॉक की बात है, डरवास उसे अब नहीं पहचान सकते हैं, हालाँकि वह उस समय जानते होंगे कि वह क्या होना चाहिए था।

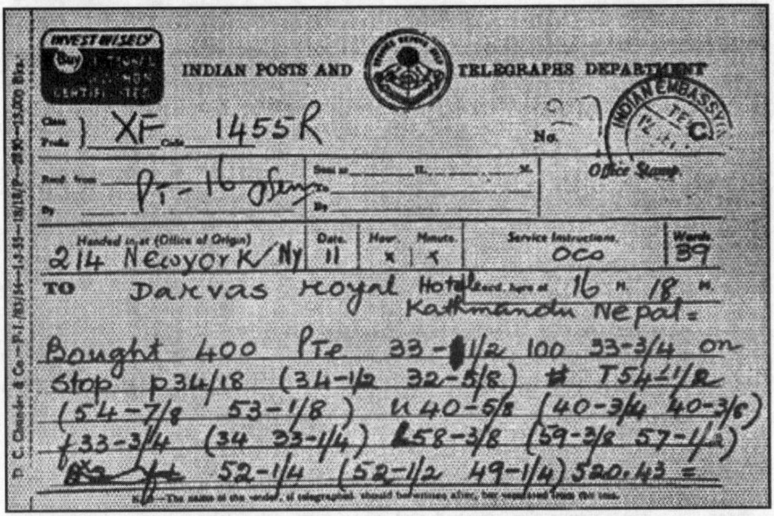

डरवास पहले किसी विशेष स्टॉक में 'बैरन्स' में दर पर उसकी गतिविधि के आधार पर रुचि लेते थे। चूँकि इस प्रकाशन को उन तक पहुँचने में कई दिन लगते थे, इसीलिए उन्हें स्टॉक की सबसे हाल की गतिविधि के विषय में टेलीग्राम द्वारा अद्यतित करने की आवश्यकता होती थी।

हाँगकाँग में उन्होंने पहली बार एक छोटी कंपनी के स्टॉक में असामान्य मात्रा में व्यापार होते देखा था और वहाँ से उन्होंने 'ई.एल. ब्रूस की इस सप्ताह

की सीमा और समापन मूल्य' का अनुरोध करते हुए यह टेलीग्राम भेजा। उस समय उन्हें बिल्कुल अंदाजा नहीं था कि विशुद्ध रूप से तकनीकी आधार पर इस शेयर की पिनपॉइंटिंग के परिणामस्वरूप उन्हें लगभग $3,00,000 का लाभ होगा।

WESTERN UNION

UAL172 MC212 HONGKONG 5 2 2052 =

NEWYORKCITY =

VERAGECLO BRUCE =

DARVAS

एक बार जब एक स्टॉक पर दैनिक उद्धरण डरवास को दिखा देते थे कि वह उस पैटर्न का अनुसरण कर रहा है, जिसकी माँग उनका सिद्धांत करता है, तो वह आमतौर पर एक छोटी पायलट खरीद करते थे। केवल तभी, जब उनके पास वास्तव में शेयरों का स्वामित्व होता था, वह वास्तव में स्टॉक की गतिविधियों को 'महसूस' कर पाते थे। चूँकि उनके ब्रोकर के पास ब्लैंकेट निर्देश थे कि वह डरवास के सभी ऑन स्टॉप आदेशों को एक रद्द-होने-तक-अच्छे आधार पर सँभाले, इसलिए वह अकसर एक पायलट खरीद के लिए विशेष रूप से 'डे ऑर्डर' देता था।

नई दिल्ली से इन कुछ शब्दों की कीमत, जिनमें 47¼ पर थियाकोल केमिकल के 200 शेयरों का ऑर्डर था, लगभग एक मिलियन डॉलर होनेवाली थी। इस पायलट खरीद के परिणामस्वरूप, इस एक शेयर में डरवास की होल्डिंग की अंतिम बिक्री $10,00,000 से अधिक की हुई। इस टेलीग्राम में

डरवास ने एक यूनिवर्सल प्रोडक्ट्स ऑर्डर की मात्रा बढ़ाने का अवसर भी लिया, जिसे कुछ समय बाद रद्द कर दिया, क्योंकि उन्हें लगा कि यह समय परिपक्व नहीं था। अगले चार हफ्तों के भीतर उन्होंने वास्तव में इस स्टॉक के 3,000 शेयर खरीदे।

पिछले सप्ताह की ईस्टर्न स्टेनलैस स्टील की सीमा के लिए अंतिम अनुरोध कॉल।

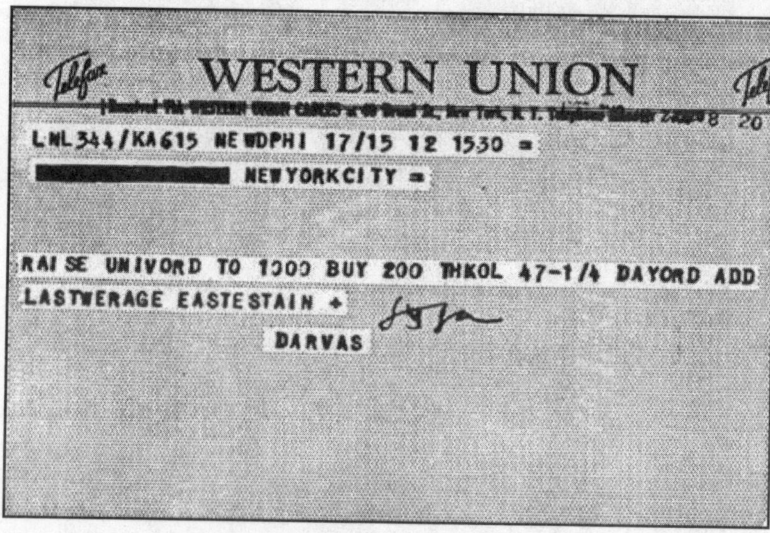
WESTERN UNION

LNL344/KA615 NEWDPHI 17/15 12 1530 =

NEWYORKCITY =

RAISE UNIVORD TO 1000 BUY 200 THKOL 47-1/4 DAYORD ADD
LASTWERAGE EASTESTAIN +

DARVAS

एक स्टॉक में अपनी पायलट खरीद के बाद, अगर वह मूल्य पैटर्न, जिसकी वे तलाश में थे, लगातार जारी रहता था, तो डरवास अतिरिक्त खरीद करते थे। कोबे, जापान से इस टेलीग्राम में, उन्होंने लोरिललार्ड के 200 और शेयर खरीदने का अपना तीसरा आदेश भेजा। इस स्टॉक में डरवास की खरीद ने निवेश के पिरामिड की आधारशिला बनाई, जो कि अगले अठारह महीनों में $20,00,000 से अधिक होनेवाला था।

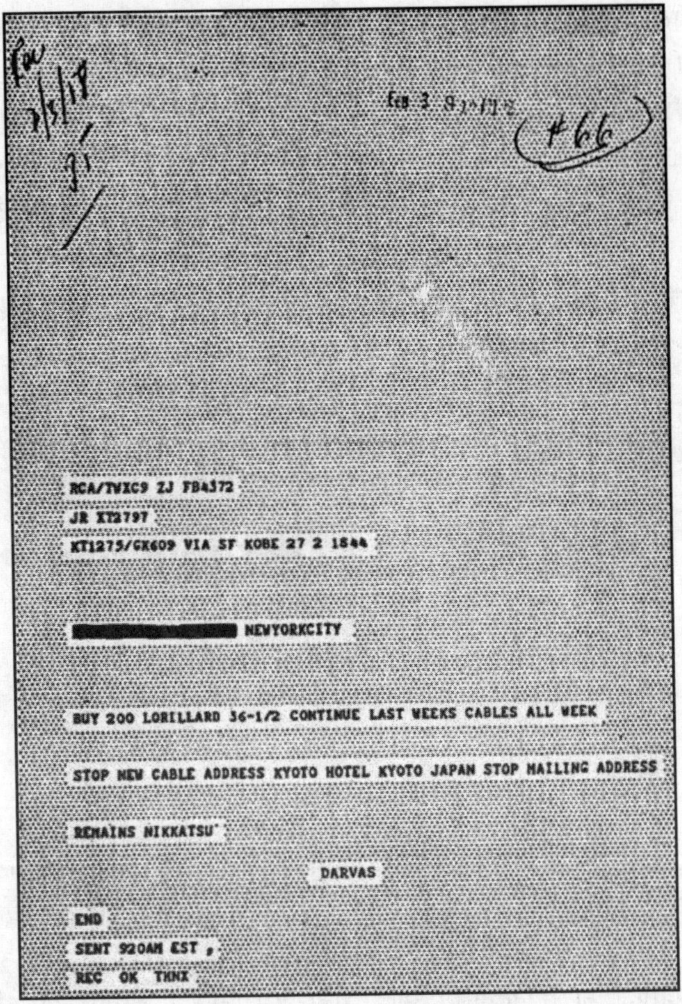

RCA/TWXC9 ZJ FB4372
JR XT2797
KT1275/GK609 VIA SF KOBE 27 2 1844

NEWYORKCITY

BUY 200 LORILLARD 36-1/2 CONTINUE LAST WEEKS CABLES ALL WEEK
STOP NEW CABLE ADDRESS KYOTO HOTEL KYOTO JAPAN STOP MAILING ADDRESS
REMAINS NIKKATSU

DARVAS

END
SENT 920AM EST
REC OK THNX

जैसे-जैसे उनकी पूँजी बढ़ती गई, वैसे-वैसे वह रकम भी बढ़ रही थी, जो डरवास किसी भी एक स्टॉक में उसके प्रति निश्चित होने के बाद निवेश करते थे। 35¼ पर यूनिवर्सल प्रोडक्ट्स के 300 शेयरों की एक पायलट खरीद के बाद, 1,200 शेयरों की दूसरी खरीद करने के लिए इस अल्पज्ञात स्टॉक की निरंतर चाल से डरवास अच्छी तरह संतुष्ट थे।

इस टेलीग्राम ने उन्हें सूचित किया कि उनके ऑन स्टॉप ऑर्डर को 36½ के निर्दिष्ट मूल्य पर पूरा कर दिया गया था और उन्हें यूनिवर्सल के लिए दिन की सीमा और समापन दिया।

इसके अलावा उद्धृत किए गए स्टॉक थे—हम्बल ऑइल, ईस्टर्न स्टेनलैस स्टील, लिटन इंडस्ट्रीज, थिओकोल और फेयरचाइल्ड कैमरा। अंतिम स्टॉक के लिए केवल '28' लागू होता है। 3.58 का मतलब 503.58 का डाउ-जोन्स एवरेज है।

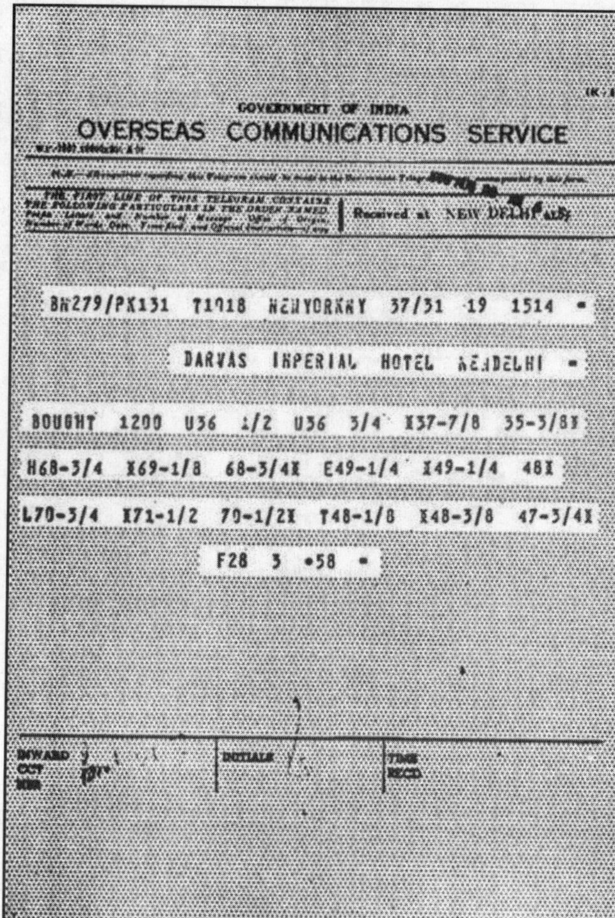

GOVERNMENT OF INDIA

OVERSEAS COMMUNICATIONS SERVICE

THE FIRST LINE OF THIS TELEGRAM CONTAINS THE FOLLOWING PARTICULARS IN THE ORDER NAMED.

Received at NEW DELHI

BN279/PK131 T1918 NEWYORKNY 37/31 19 1514 =

DARVAS IMPERIAL HOTEL NEWDELHI =

BOUGHT 1200 U36 1/2 U36 3/4 X37-7/8 35-3/8X

H68-3/4 X69-1/8 68-3/4X E49-1/4 X49-1/4 48X

L70-3/4 X71-1/2 70-1/2X T48-1/8 X48-3/8 47-3/4X

F28 3 •58 =

INWARD OUT NBR

INITIALS

TIME RECD.

एक शेयर में निवेश करने के बाद डरवास हमेशा वृद्धि के पीछे अपने स्टॉप लॉस का पीछा करने के लिए सावधान रहते थे। मूल्य और उनके स्टॉप लॉस बिंदु के बीच संबंध बहुत लचीला था, क्योंकि वह कई परिवर्तनीय कारकों पर निर्भर था।

अप्रैल 1958 की शुरुआत में वह हाँगकाँग में थे, जब वह डाइनर्स क्लब के व्यवहार के बारे में असहज हो गए, जो तब तक लगातार बढ़ रहा था।

इस टेलीग्राम के साथ उन्होंने बहुत ही निकट स्टॉप लॉस स्थापित किया, जो उन्हें एक बड़े मुनाफे पर डाइनर्स क्लब से बाहर ले जानेवाला था, ठीक उस समय जब इस शेयर ने बदतर के लिए एक अचानक और कठोर मोड़ लिया।

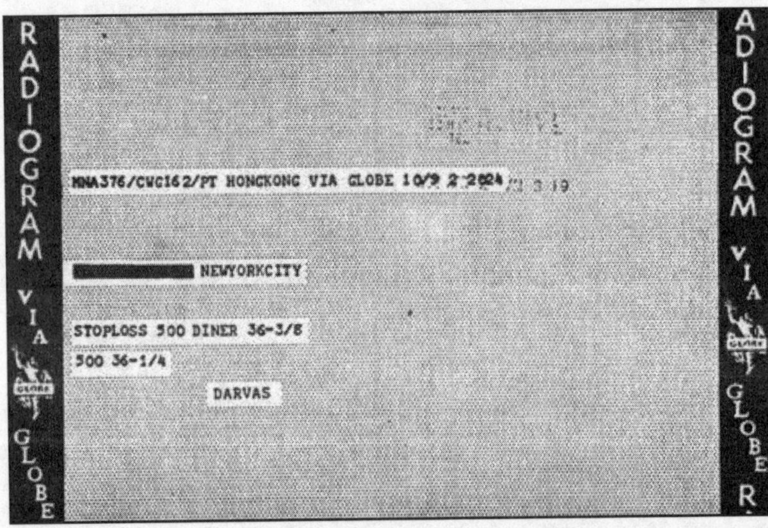
RADIOGRAM VIA GLOBE

MNA376/CWC162/PT HONGKONG VIA GLOBE 10/9 2 2024

NEWYORKCITY

STOPLOSS 500 DINER 36-3/8
500 36-1/4

DARVAS

RADIOGRAM VIA GLOBE

तकनीकी कट्टरपंथी
(द टेक्नो-फंडामेंटलिस्ट)

अगले कुछ पन्नों में अमेरिकन रिसर्च काउंसिल ने निकोलस डरवास को शुद्ध $20,00,000 देनेवाले प्रमुख शेयरों के लिए साप्ताहिक कीमतों और वॉल्यूम के विशेष रूप से तैयार चार्ट की एक श्रृंखला प्रस्तुत की है। जबकि यह राशि डरवास द्वारा 18 महीनों में जमा की गई थी, हमने 1957 से लेकर 1959 तक पूरी तीन साल की अवधि के लिए रिकॉर्ड शामिल किया है—प्रत्येक स्टॉक की गतिविधि का इतिहास दिखाने के लिए, उस समय से पहले और बाद में, और साथ ही उस समय के दौरान भी जब वह डरवास के पास था।

इसके अलावा, हमारे संपादकों द्वारा व्याख्यात्मक नोट्स प्रत्येक स्टॉक के डरवास के चुनाव के पीछे के तर्क, उसकी खरीद का समय और उसके पीछे के स्टॉप लॉस के उपयोग पर प्रकाश डालते हैं—जो कि पुस्तक में समझाए गए उसके तकनीकी-कट्टरपंथी सिद्धांत पर आधारित है।

चाट्र्स को उस क्रम में व्यवस्थित किया गया है, जिसमें उसकी पुस्तक में चर्चा की गई है, ताकि पाठक अधिक आसानी से डरवास के सौदों के अनुक्रम का पालन कर सकें, जैसे कि वे हुए थे।

□

लोरिललार्ड

डरवास ने इस स्टॉक पर दैनिक उद्धरण मात्रा में अचानक वृद्धि देखने के बाद माँगे, (ए) जब यह 'एक बीकन की तरह डूबते शेयरों के दलदल से उभरना शुरू हुआ।'

उन्होंने लोरिललार्ड के अपने पहले 200 शेयर 27½ पर खरीदे, (बी) 26 के बहुत ही संकीर्ण स्टॉप लॉस के साथ। कुछ दिनों बाद एक अचानक गिरावट (सी) ने इस स्टॉप लॉस को छुआ और उन्हें बेच दिया गया।

उसके बाद की तत्काल वृद्धि ने डरवास को आश्वस्त किया कि उनका पहला मूल्यांकन सही था और उसने 28¾ (डी) पर फिर से अपने 200 शेयर खरीद लिये।

जैसे-जैसे 'बक्से' जमा होने लगे, डरवास ने 35 और 36½ (एफ) पर 400 शेयर और खरीद लिये।

स्टॉक तेजी से बढ़कर 44⅜ की नई ऊँचाई पर पहुँच गया।

18 फरवरी को 36¾ के निचले स्तर पर अचानक गिरावट से डरकर, उन्होंने अपना स्टॉप लॉस 36 तक बढ़ा दिया। उसे छुआ नहीं गया और स्टॉक ने तुरंत गति पकड़ ली, इसीलिए उसने 38⅝ (ई) पर 400 शेयरों का अंतिम लॉट खरीदा।

जब लोरिललार्ड ने मूल्य और मात्रा में अपनी सनसनीखेज वृद्धि जारी रखी, तो डरवास को त्वरित लाभ के लिए बेचने का जोरदार प्रलोभन हुआ। लेकिन उन्होंने अपनी प्रणाली के मूल सिद्धांतों में से एक का पालन किया—'बढ़ते स्टॉक को बेचने का कोई कारण नहीं होता'—और वृद्धि के पीछे सुरक्षित दूरी पर अपना स्टॉप लॉस कायम रखा।

इस संभावना को छोड़कर कि एक बहुत करीबी स्टॉप लॉस के साथ, वह

जून में बेचे जा सकते थे, जब अचानक 53⅜ की गिरावट आई थी, डरवास आसानी से 80 और उससे अधिक के अंक में उसकी अभूतपूर्व वृद्धि पर लोरिललार्ड के साथ जारी रख सकते थे।

हालाँकि मई में उनकी एक अन्य स्टॉक की गतिविधियों में अत्यधिक दिलचस्पी उत्पन्न हो गई, जिसके लिए उन्हें उस पूरी पूँजी की आवश्यकता पड़नेवाली थी, जो उन्हें मिल सकती थी। यही कारण था कि उन्होंने मई की शुरुआत में 57⅜ (जी)पर लोरिललार्ड के अपने 200 शेयर $21,000 के पर्याप्त लाभ पर बेचे। अब वह ई.एल. ब्रूस में निवेश करने के लिए तैयार थे।

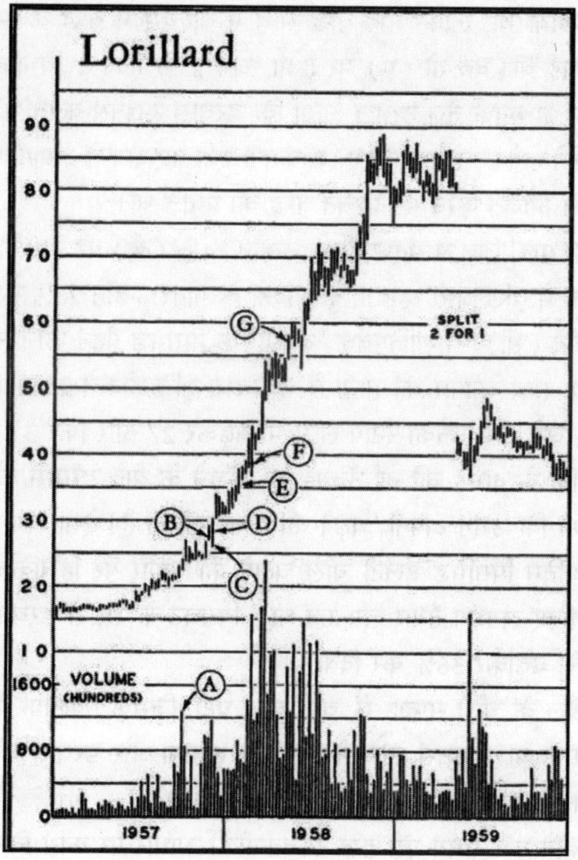

□

डाइनर्स क्लब

यद्यपि इस शेयर ने 1957 की पहली छमाही में एक बढ़ता मूल्य पैटर्न दिखाया था, लेकिन यह वृद्धि साथ में वॉल्यूम में वृद्धि के साथ चिह्नित नहीं की गई थी। वह तो (ए) पर हुआ, जब 2 के लिए 1 विभाजन के बाद वॉल्यूम में अचानक तेज उछाल आया कि डरवास डाइनर्स क्लब में गंभीर रूप से रुचि लेने लगे। उन्हें पता चला कि कंपनी एक नए क्षेत्र में अग्रणी थी, जिसके पास शक्ति अर्जित करने में निश्चित वृद्धि की प्रवृत्ति थी।

इस 'मूल' बिंदु से संतुष्ट होकर उन्होंने 24½ (बी) पर 500 शेयर खरीदे। जब स्टॉक में वृद्धि जारी रही, तो कुछ दिनों के भीतर उन्होंने 26⅛ पर 500 और शेयर खरीदे (सी)। वे शांतिपूर्वक 'बक्सों' के पिरमिड पैटर्न को विकसित होते और साथ-साथ व्यापार की मात्रा में जबरदस्त वृद्धि होते देखते रहे। जैसे-जैसे दाम बढ़े, वैसे-वैसे उनका स्टॉप लॉस भी बढ़कर 27 और फिर 31 हो गया।

स्टॉक के 40½ की नई ऊँचाई पर पहुँचने के बाद डरवास को अचानक लगने लगा कि उसने अपनी 'बढ़ने की इच्छा खो दी है। ऐसा लग रहा था कि उसका अंतिम पिरामिड उलटी चाल चलने की कगार पर हिचकिचाएगा। वह टूटने के लिए लगभग तैयार लग रहा था।' गिरावट के डर से डरवास ने अपना स्टॉप लॉस बढ़ाकर 36⅜ कर दिया।

अप्रैल के चौथे सप्ताह में, वह घटना घटी, जिसके खिलाफ मैंने खुद का बीमा कराया था। डाइनर्स क्लब ने एक गोता लगाया और डरवास को $10,000 से अधिक के लाभ के साथ बेच दिया गया (डी)।

उन्होंने उस समय पूरी तरह से तकनीकी आधार पर कार्य किया था, उस समय वे इस बात से पूरी तरह अनभिज्ञ कि अमेरिकन एक्सप्रेस डाइनर्स क्लब

के साथ सीधी प्रतिस्पर्धा में क्रेडिट कार्ड क्षेत्र में प्रवेश करनेवाला था। यह इस ऑपरेशन की सफल टाइमिंग थी, जिसने उनके दृष्टिकोण के तकनीकी पक्ष के सही होने की उनके लिए पूरी तरह से पुष्टि कर दी।

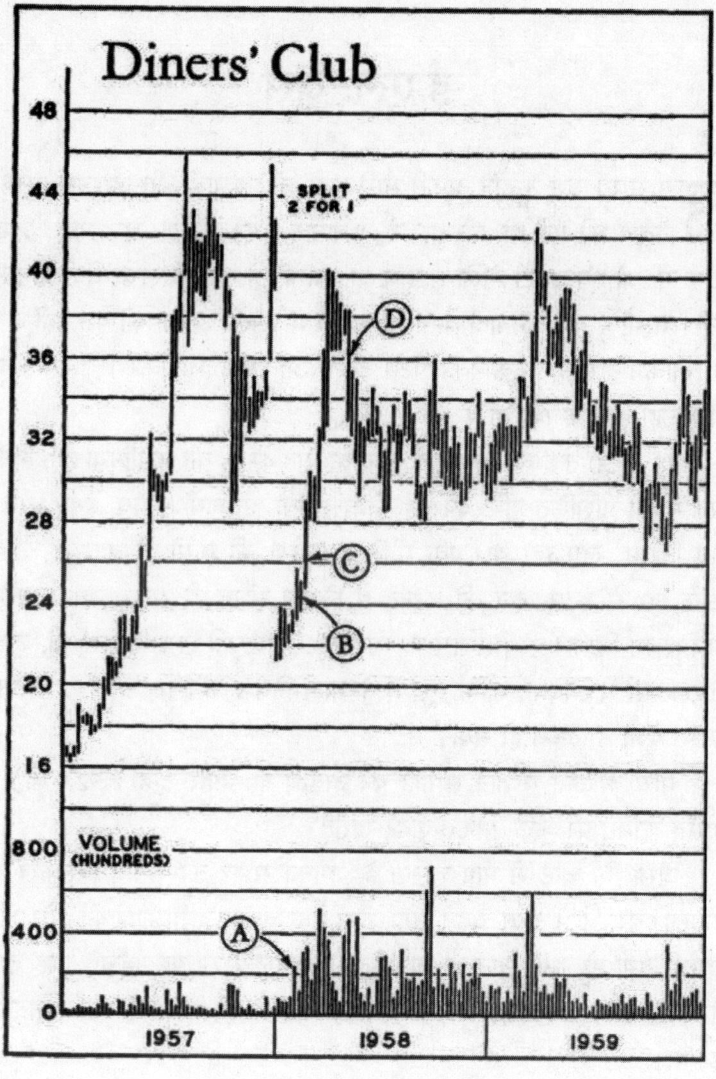

□

ई.एल. ब्रूस

उस समय जब उन्होंने अपनी सारी पूँजी लोरिललार्ड और डाइनर्स क्लब में निवेश की हुई थी, डरवास ने अचानक (ए) ई.एल. ब्रूस नाम के एक स्टॉक में, जो एक छोटी मेम्फिस फर्म थी, लोगों की गहरी दिलचस्पी उत्पन्न होते देखी। हालाँकि यह बुनियादी बातों के मामले में उनकी अर्हता को पूरा नहीं करता था, लेकिन उसका 'तकनीकी पैटर्न इतना आकर्षक था कि मैं उससे अपनी आँखें नहीं हटा पा रहा था'।

18 से 50 तक की अभूतपूर्व वृद्धि के बाद 43½ की प्रतिक्रिया हुई, लेकिन डरवास की प्रशिक्षित दृष्टि को यह 'केवल एक अस्थायी पड़ाव, ईंधन भरने के लिए विराम' लग रहा था। एक मौलिक कारण की कमी के बावजूद, उन्होंने उसके 50 से ऊपर जाने की स्थिति में जितना संभव हो सका, उतना खरीदने का निश्चय किया। पूरे विश्वास के साथ कि 'वृद्धि की लय मौजूद' थी, उन्होंने लोरिललार्ड बेच दिया, ताकि ब्रूस में तत्काल निवेश के लिए उनके पास उनकी समस्त पूँजी उपलब्ध हो सके।

मार्च के अंत में तीन सप्ताह की अवधि के भीतर उन्होंने 52 (बी) की औसत कीमत पर कुल 2,500 शेयर खरीदे।

जैसा कि चार्ट से पता चलता है, उनका समय का चुनाव बिल्कुल सही निकला। ब्रूस 'ऐसे ऊपर चढ़ने लगा, जैसे एक चुंबक द्वारा ऊपर की ओर खींचा जा रहा गया हो···वह शानदार था।' जब तक मूल्य 77 पर पहुँचा, 'यह दूरस्थ भारत में भी स्पष्ट हो गया था कि अमेरिकी स्टॉक एक्सचेंज में कुछ शानदार हो रहा था।'

स्थिति वास्तव में शानदार थी। 'मूल्य' के आधार पर काम करनेवाले शॉर्ट

सैलर अपनी स्थितियों को कवर करने की सख्त कोशिश कर रहे थे। एक्सचेंज में ट्रेडिंग को निलंबित कर दिया गया था, लेकिन डरवास को $100 प्रति शेयर ओवर-द-काउंटर की पेशकश की गई थी। और तब उन्होंने 'मेरे जीवन के सबसे महत्त्वपूर्ण निर्णयों में से एक' लिया। उन्होंने इस 'चढ़ते स्टॉक' को बेचने से इनकार कर दिया। कुछ हफ्तों बाद उन्हें 2,95,000 डॉलर के लाभ के साथ 171 का मूल्य मिला।

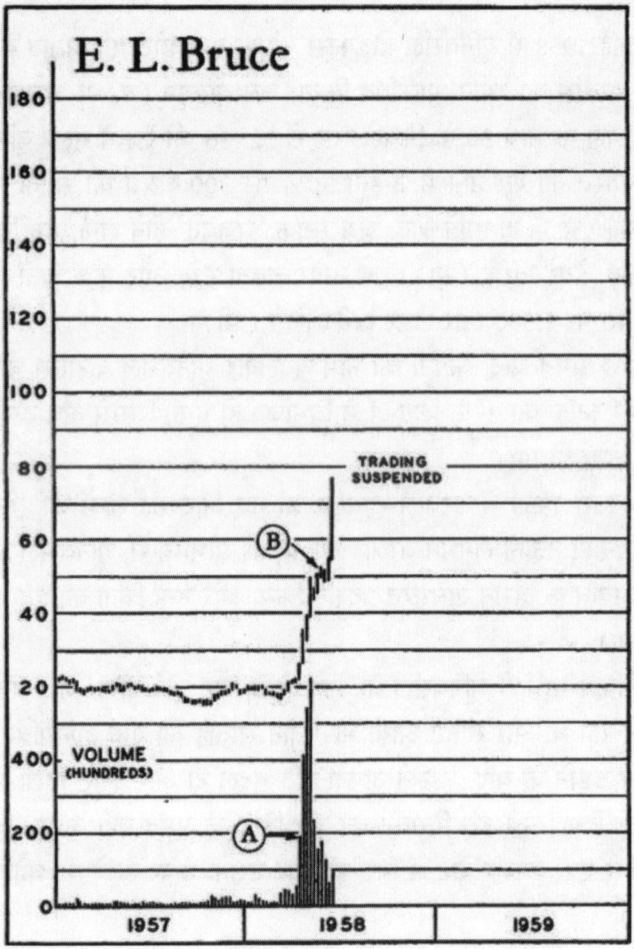

□

यूनिवर्सल कंट्रोल्स

जुलाई 1958 में यूनिवर्सल प्रोडक्ट्स नामक एक छोटी सी अज्ञात कंपनी ने डरवास का ध्यान आकर्षित किया, जब वॉल्यूम (ए) में अचानक एक भारी उछाल के साथ 30 के निचले स्तर से 32-36 की रेंज में मूल्य वृद्धि हुई।

अगस्त की शुरुआत में उन्होंने 35¼ पर 300 शेयरों की सतर्क पायलट खरीद की (बी)। दो हफ्ते बाद, जब स्टॉक 'मजबूत' होने लगा, उन्होंने 36½ पर 1200 शेयर खरीदे (सी)। वह ऊपर चढ़ता गया और कुछ दिनों के बाद उन्होंने 40 पर 1,500 और शेयर खरीद लिये (डी)।

कुछ समय बाद, कंपनी का नाम बदलकर यूनिवर्सल कंट्रोल्स कर दिया गया और स्टॉक का 2-के लिए-1 में विभाजन हो गया, जिससे अब उनके पास 6,000 शेयर हो गए।

जनवरी 1959 में डरवास न्यूयॉर्क आ गए और कई सौदों की श्रृंखला में उतरे, जिन्होंने उनको लगभग बरबाद कर दिया। सौभाग्य से, यूनिवर्सल कंट्रोल्स ने इस अवधि के दौरान खूबसूरत प्रदर्शन किया और उन्हें चिंता का एक भी पल नहीं दिया।

लेकिन मार्च में यूनिवर्सल के साथ कुछ ऐसा होने लगा, जो 'संकट का संकेत दे रहा था और संकट आया भी।' तीन सप्ताह की एक अनियंत्रित 66 से 102 की उड़ान के बाद, 'उसने अपनी गति बदल दी और दूसरी दिशा में जाना शुरू कर दिया। मुझे इस गिरावट का ढंग बिल्कुल पसंद नहीं आया। वह ऐसे गिरा, जैसे एक एयर पॉकेट में गिरा हो और उसके ऊपर उठने का कोई संकेत नहीं था।'

डरवास ने ठीक वैसा ही प्रदर्शन किया, जैसा उन्होंने एक समान स्थिति में

डाइनर्स क्लब के साथ किया था। उन्होंने अंतिम समापन मूल्य के ठीक नीचे तक अपना स्टॉप लॉस बढ़ाया और उन्हें बेच दिया गया (ई)। 86¼ से 89¾ के बीच के उनके मूल्य, उच्च से 12 अंक से अधिक नीचे थे, लेकिन वे 'इससे पूरी तरह संतुष्ट थे। मेरे पास दु:खी होने का कोई कारण नहीं था। मैंने एक अच्छी लंबी सवारी की थी और··· $4,09,000 का लाभ कमाया था।'

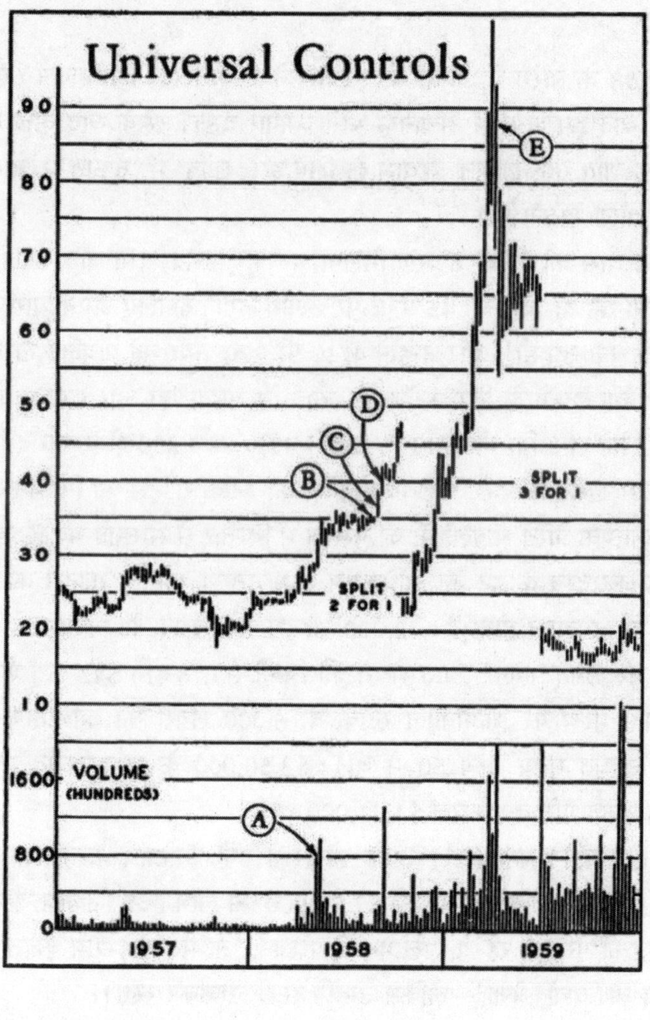

□

थिओकोल

1958 के प्रारंभ में टोक्यो में, डरवास ने 2-के लिए-1 विभाजन (ए) के बाद इस शेयर में अचानक भारी व्यापार देखा। उसके बाद कुछ महीनों तक यह शांत रहा, लेकिन डरवास के लिए इस 'शांति' में 'तूफान से पहले की शांति' वाली भावना थी।

डरवास को दैनिक उद्धरण मिलना शुरू हुए उसके तुरंत बाद, थिओकोल ऐसा लग रहा था, जैसे वह 45 से 'ऊपर छलाँग लगाने के लिए अपनी मांसपेशियाँ लचीली बना रहा हो', और उन्होंने 47¼ पर 200 शेयर की पायलट खरीद की (बी)। चार हफ्तों के लिए स्टॉक 50 की ओर बढ़ता रहा और (सी), जैसे ही डरवास को लगा कि वह तैयार है, उन्होंने 49⅞ पर 1,300 शेयर खरीद लिये।

इस खरीद के पीछे-पीछे थिओकोल का स्टॉक राइट्स का निर्गमन आया। सौदों की एक प्रेरित श्रृंखला में, जो पुस्तक में विस्तार से समझाए गए हैं, डरवास ने उस जबरदस्त क्रेडिट का अधिकतम लाभ उठाया, जो कि राइट्स का प्रयोग करने पर उपलब्ध होता है। 72,000 राइट्स की खरीद के माध्यम से (और 53½ पर अपने पहले 1,500 शेयरों की बिक्री से), उन्होंने $42 प्रति शेयर के सदस्यता मूल्य पर थिओकोल स्टॉक के 6,000 शेयरों का अधिग्रहण किया (जब उद्धृत मूल्य मध्य 50 में था)। $3,50,000 के कुल खरीद मूल्य में उनका नकद परिव्यय केवल $1,11,000 था।

तीन महीने बाद (डी) उनके ब्रोकर ने उन्हें टेलीग्राम करके बताया कि उनके थिओकोल निवेश पर उन्हें $2,50,000 का लाभ हुआ है। जब वह पेरिस की सड़कों पर घूम रहे थे, प्रलोभन से परेशान, 'तो मेरा रोम-रोम कहता प्रतीत हो रहा था 'बेचो, बेचो'—लेकिन उन्होंने स्टॉक रोककर रखा।

बेशक, डरवास स्टॉक के ऊपर जाने पर कभी एक पल के लिए भी अपना स्टॉक लॉस बढ़ाना नहीं भूलते थे, लेकिन थिओकोल के मामले में उन्होंने गतिविधि की अधिक स्वतंत्रता दी, ताकि उन्हें एक छोटी अवधि की प्रतिक्रिया

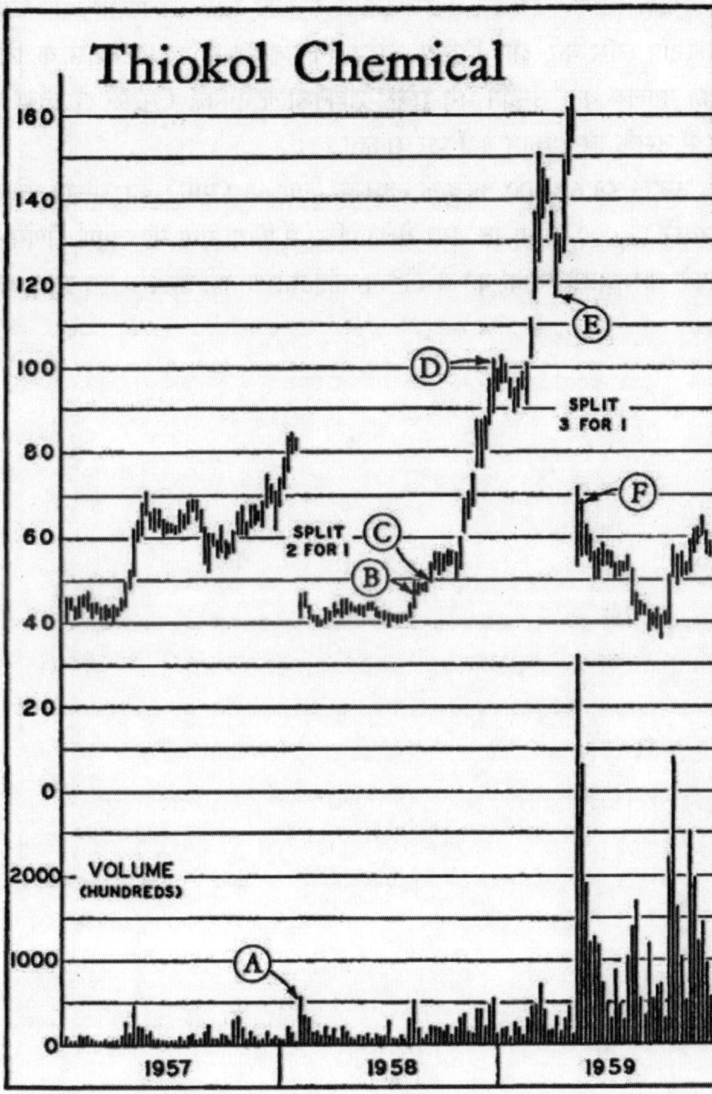

पर स्टॉप लॉस किए जाने का जोखिम न रहे, जैसा कि (ई) पर हुआ था। उसके बाद जो वृद्धि हुई और जो मई की शुरुआत में 3-के लिए-1 विभाजन के बाद जारी रही, 72 के एक उच्च बिंदु पर समाप्त हुई, एक ऐसे व्यस्त व्यापार के साथ कि न्यूयॉर्क स्टॉक एक्सचेंज ने इस स्टॉक के लिए सभी स्वचालित ऑन स्टॉप और स्टॉप लॉस करे और विक्रय आदेश निलंबित कर दिए। डरवास के लिए इसका मतलब था, 'उन्होंने मेरा सबसे शक्तिशाली उपकरण मुझसे ले लिया था और मैं उसके बिना काम नहीं कर सकता था।'

उन्होंने $8,62,000 के कुल लाभ के लिए 68 (एफ) की औसत कीमत पर अपने 18,000 विभाजित शेयर बेचे। पेरिस में लिया गया महत्त्वपूर्ण निर्णय—'आपके पास बढ़ते स्टॉक को बेचने का कोई कारण नहीं होता'—रंग लाया था।

□

टेक्सस इंस्ट्रूमेंट्स

अपनी यूनिवर्सल कंट्रोल्स की बिक्री के बाद, डरवास ने 'बाजार पर एक सावधान नजर डाली...एक सक्रिय रूप से कारोबार कर रहे, उच्च कीमतवाले स्टॉक के लिए', जिसमें वह आधे मिलियन डॉलर से ऊपर का निवेश कर सकें। इतनी बड़ी राशि शामिल होने के कारण, उन्हें इस संभावना के लिए भी तैयार रहना था कि उनकी खरीद बाजार को प्रभावित कर सकती है।

1958 के अंत में थोड़े अनिश्चित व्यवहार के अलावा, टेक्सस इंस्ट्रूमेंट्स पिछले एक साल से लगातार ऊपर की ओर बढ़ रहा था और उसके बढ़ने की गति, अक्तूबर में मात्रा (ए) में उल्लेखनीय वृद्धि के साथ, संयोगवश बढ़ गई थी।

डरवास ने अप्रैल के दूसरे सप्ताह में (बी) 94⅜ के औसत मूल्य पर 2,000 शेयर खरीदे। अगले सप्ताह, 'जब स्टॉक ने अच्छा प्रदर्शन करना जारी रखा', उन्होंने 97⅞ (सी) पर 1,500 और शेयर खरीद लिये। कुछ ही दिनों में उन्होंने 101⅞ (डी) के औसत से 2,000 शेयरों की अंतिम खरीद की।

6 जुलाई को, टेक्सस इंस्ट्रूमेंट्स 149½ (ई) पर बंद हुआ और यह इस बिंदु पर होता है कि डरवास अध्याय 10 के अंत में मोंटे कार्लो के लिए रवाना होते हैं, समायोजित स्टॉप लॉस के एक नए सेट के साथ, जो उनकी $22,50,000 से अधिक की होल्डिंग्स के समापन मूल्यों के नीचे कहीं प्रतीक्षा कर रहा है।

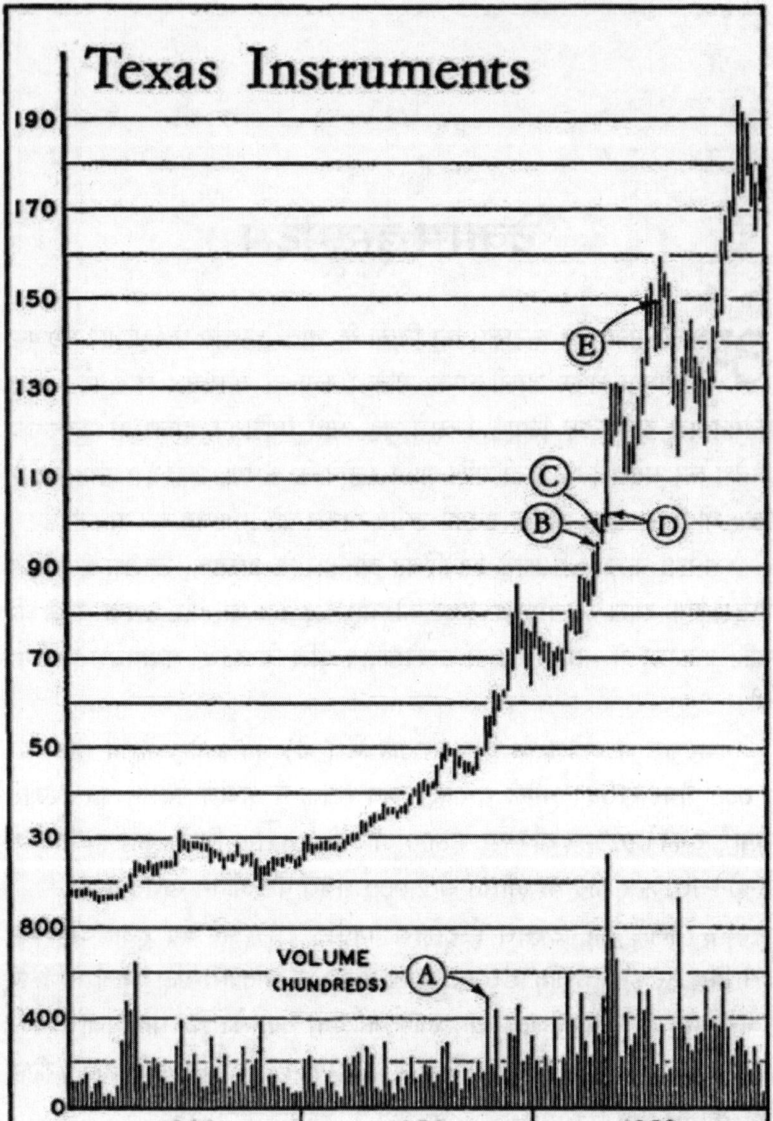
Texas Instruments
190
170
150
130
110
90
70
50
30
800
400
0
VOLUME
(HUNDREDS)
A
B
C
D
E
1957
1958
1959

□

फेयरचाइल्ड कैमरा

थिओकोल की बिक्री से डरवास के पास $10,00,000 से अधिक की पूँजी आ गई। इसे दो भागों में विभाजित करने का निर्णय लेते हुए, उन्होंने अपनी पसंद को चार शेयरों तक सीमित कर दिया, जिन पर वह लंबे समय से नजर रख रहे थे और जो 'सभी मेरे तकनीकी कट्टरपंथी सिद्धांत के संबंध में उपयुक्त थे'।

उन शेयरों में से एक, जो चारों की सापेक्ष बाजार शक्ति का निर्धारण करने के लिए एक परीक्षण खरीद में बच गया था, फेयरचाइल्ड कैमरा था।

फेयरचाइल्ड व्यापार मात्रा में जबरदस्त वृद्धि की दो अवधियों के बावजूद पूरे 1957 और अधिकांश 1958 के दौरान मूल्य में बहुत स्थिर रहा था। लेकिन 1958 के अंत में वॉल्यूम (ए) में एक नई छलाँग स्टॉक की कीमत में तेज और लगभग निरंतर वृद्धि से पूरित हुई, जिस बिंदु पर यह डरवास के लिए दिलचस्प बन गया।

उन्होंने 128 (बी) पर 500 शेयरों की अपनी पायलट खरीद की, जब शेयर ने खुद को एक 110/140 बॉक्स में स्थापित कर लिया था। अपने स्वैच्छिक 10 प्रतिशत स्टॉप लॉस को हटा देने से, जो बॉक्स की निचली सीमा के संबंध में बहुत करीब था, वह 110¼ के निम्न स्तर से अप्रभावित रहे, जो दो सप्ताह बाद हुआ। इसके विपरीत, जब स्टॉक ने लगभग तुरंत अपनी ऊपर की ओर गति को पुनर्स्थापित कर लिया, तो उन्होंने 123¼ से लेकर 127 के मूल्य पर 4,000 अतिरिक्त शेयर (सी) खरीदे।

जेनिथ रेडियो और टेक्सस इंस्ट्रूमेंट्स के साथ 4,500 शेयरों की अपनी फेयरचाइल्ड कैमरा की होल्डिंग्स के साथ, डरवास अब 'किनारे बैठकर नजर

रखने की स्थिति में था, जबकि मेरे शेयर अच्छी निर्मित मिसाइलों की तरह लगातार चढ़ रहे थे'। इस पुस्तक के अंत तक, फेयरचाइल्ड 185 (डी) पर बंद हुआ।

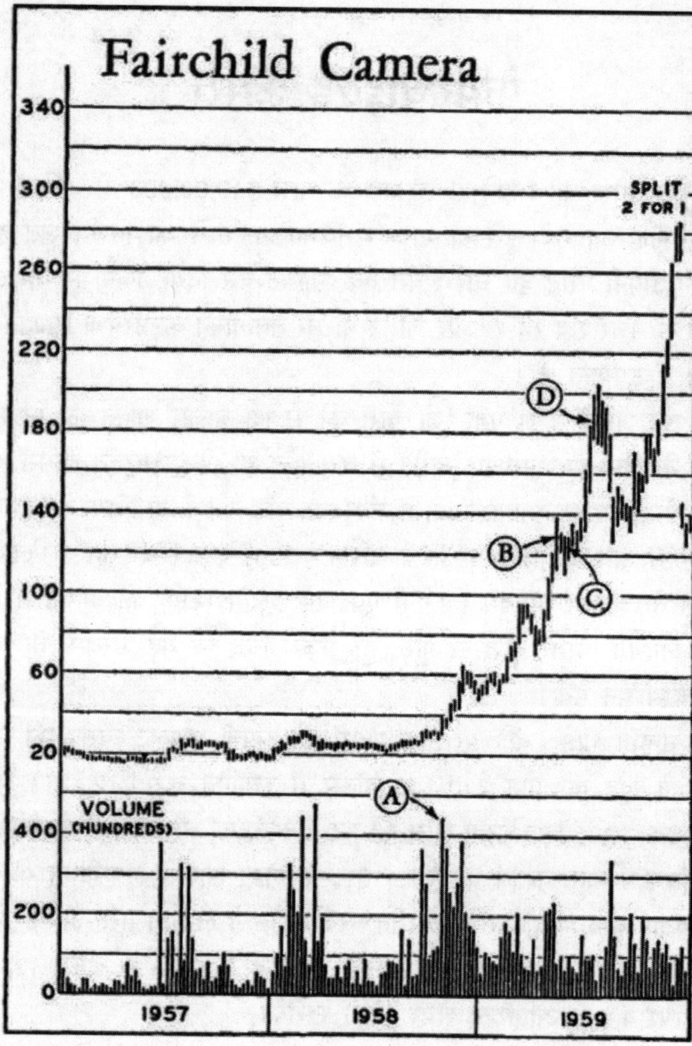

□

जेनिथ रेडियो

यह उन शेयरों में से दूसरा है, जिसमें डरवास ने उस पूँजी का हस्तांतरण किया था, जो उनके लिए थिओकोल ने बनाई थी और यह इस निवेश के समय से पहले अपने पैटर्न में फेयरचाइल्ड से काफी अलग है। सितंबर 1958 के अंत में जेनिथ में कारोबार के शिखर के साथ इस पहले से ही अस्थिर स्टॉक के लिए एक विस्फोटक मूल्य वृद्धि हुई।

डरवास ने 3-के लिए-1 विभाजन की घोषणा के बाद एक 'जब-जारी' आधार पर 104 (ए) पर अपनी पायलट खरीद की। जैसा कि उन्होंने फेयरचाइल्ड के साथ किया था, उन्होंने स्वैच्छिक 10 प्रतिशत स्टॉप लॉस हटा दिया, जो उन्होंने उन चार शेयरों में से सबसे कमजोर शेयर को हटाने के लिए स्थापित किया था, जिनमें वह रुचि रखते थे। यदि उन्होंने उसे रखा होता, तो अगले सप्ताह उन्हें बेच दिया जाता, जब जेनिथ 93 पर लुढ़क गया था। हालाँकि चूँकि मूल्य ने तुरंत ऊपर की ओर बढ़ना शुरू कर दिया, वह योजना के अनुसार आगे बढ़े और 99¾ से लेकर 107½ (बी) तक कीमतों पर 5,000 शेयर खरीदे।

उसके बाद जेनिथ अच्छी तरह बढ़ता रहा और यह ध्यान देने योग्य बात है कि यद्यपि इसकी प्रगति इसकी पूर्व-विभाजन वृद्धि की तुलना में शानदार नहीं थी, लेकिन 104 के उनके औसत खरीद मूल्य और 6 जुलाई को 124 (सी) के समापन मूल्य, जब बही खाता समाप्त होता है, के बीच के 'छोटे' अंतर ने डरवास के लिए $1,00,000 से अधिक के लाभ का प्रतिनिधित्व किया।

जब वे इन चार्टों को लिख रहे थे, तो हमारे संपादकों ने डरवास को बताया कि वृद्धि के बाद इतनी देर से उनकी जेनिथ की खरीद में वृद्धि प्रतिकर्ष संबंधी

लग रही थी। उन्होंने सहमति व्यक्त की और कहा, "पश्च दृष्टि से लगता है कि इसके उदय में देर हुई थी—उस समय मुझे लगा कि यह एक नए उदय की शुरुआत थी। आखिरकार, मैं केवल आधा समय सही होने की उम्मीद करता हूँ।"

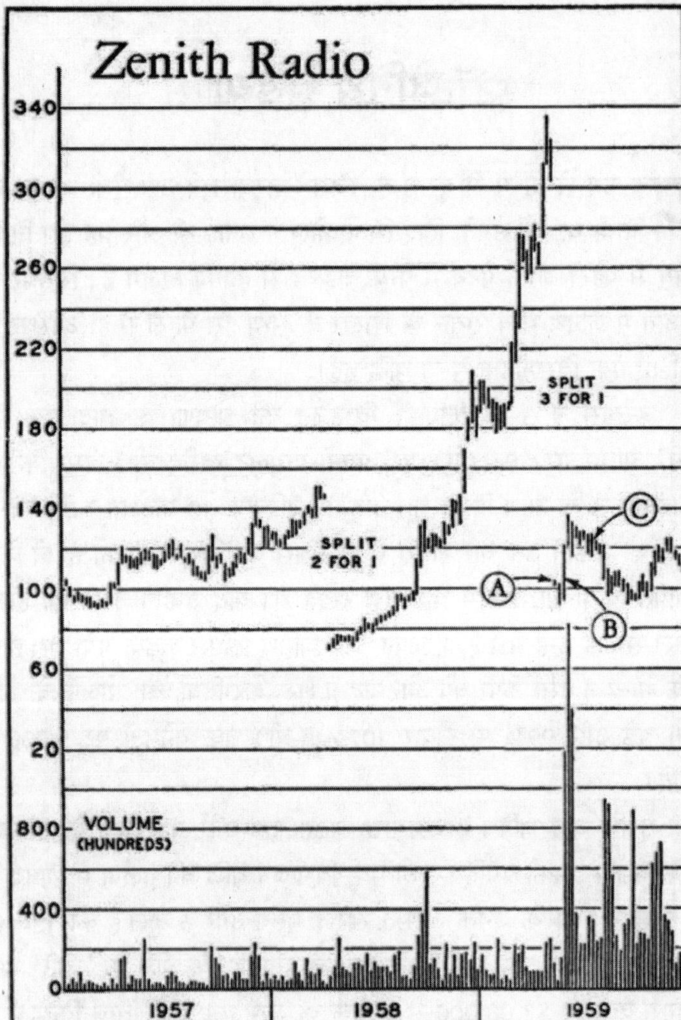

□

स्टॉक्स के सूचकांक

नीचे सूचीबद्ध स्टॉक वे हैं, जिनमें श्री डरवास ने वास्तव में निवेश किया था। उन स्टॉक्स के नाम, जिनका उन्होंने केवल उल्लेख किया था, शामिल नहीं किए गए हैं।

एड्रैसोग्राफ-मल्टीग्राफ
एरोक्विप
एलकोआ
एलेघनी लुडलुम स्टील
एलाइड कंट्रोल
एलिस-चैलमर्स
अमेरिकन एयरलाइंस
अमेरिकन ब्रॉडकास्टिंग-पैरामाउंट
अमेरिकन मेटल्स-क्लाइमैक्स
अमेरिकन मोटर्स
अमेरिकन फोटोकॉपी इक्विप्मेंट
बाल्डविन-लीमा-हैमिल्टन
बाल्टीमोर ऐंड ओहियो आर.आर.
बेकमैन इंस्ट्रूमेंट्स
बेल ऐंड हॉवेल
बोइंग एयरप्लेन
ब्रीलंड
ब्रूस (ई.एल.)
ब्रंसविक-बालके-कोलेंडर
बुकीरूस-एरी
कैलडर बुसकेट

सेनको इंस्ट्रूमेंट्स
कॉलिन्स रेडियो
कोलंबिया पिक्चर्स
कंसोलिडेटेड सडबरी बेसिन माइंस
कूपर-बेसेमर
डेस्ट्रॉम
डाइनर्स क्लब
डोबेकमन
डोमन हेलिकॉप्टर
ड्रेसर इंडस्ट्रीज
ईस्टर्न गैस ऐंड फ्यूल
ईस्टर्न मलारटिक
इमर्सन रेडियो
फेयरचाइल्ड कैमरा ऐंड इंस्ट्रूमेंट
फैनस्टील मेटलर्जिकल
फॉस्टर व्हीलर
जनरल डाइनैमिक्स
जनरल रिफ्रैक्टरीज
जनरल टाइम
जनरल टायर ऐंड रबर
गल्फ सल्फर

हैवेज इंडस्ट्रीज
आइलैंड क्रीक कोल
जे.ए. एक्सप्लोरेशन
जॉन्स ऐंड लाफलिन स्टील
जॉय मैन्युफैक्चरिंग
कैसर एल्युमिनियम ऐंड केमिकल
केरैंड माइंस
केन्नामेटल
किंबर्ली–क्लार्क
लिटन इंडस्ट्रीज
लोरिललार्ड
ल्युसिआना लैंड ऐंड एक्सप्लोरेशन
ल्युकेंस स्टील
एम ऐंड एम वुड वर्किंग
मैग्मा कॉपर
मनाटी शुगर
मेस्टा मशीन
मोगुल माइंस
मोलिब्डेनम
नेशनल कंटेनर
नेशनल रिसर्च
न्यूयॉर्क सेंट्रल रेलरोड
नॉर्थ अमेरिकन एविएशन
ओल्ड स्मोकी गैस ऐंड ऑइल्स

पैसिफिक एयरमोटिव
फिलाडेल्फिया ऐंड रीडिंग
पिट्सबर्ग मेटलर्जिकल
पोलेरॉइड
क्यूबेक स्मेल्टिंग ऐंड रिफाइनिंग
रायोनीर
रेचहोल्ड केमिकल्स
रेक्सस्पार
रेनॉल्ड्स मेटल्स
रोम केबल
शैरॉन स्टील
स्टर्लिंग प्रीसिशन
टेकोइल कॉरपोरेशन
टेक्सस गल्फ प्रोड्यूसिंग
टेक्सस इंस्ट्रूमेंट्स
थिओकोल केमिकल
ट्राई–कॉन्टिनेंटल
यूनियन ऑयल ऑफ कालिफ
यूनिवर्सल कंट्रोल्स
यूनिवर्सल पिक्चर्स
यूनिवर्सल प्रोडक्ट्स (देखें यूनिवर्सल कंट्रोल्स) वर्जीनियन रेलवे
वॉर्नर लैंबर्ट
जेनिथ रेडियो

□□□